KB266623

손자병법의
삶의 지혜

손자병법의

손자병법의 삶의 지혜

최한결 지음

N 넥스웍

孫子兵法

孫子兵法

이기려 애쓰지 않아도,
지지 않는 삶은 가능하다

우리는 살아가면서 수없이 많은 싸움 앞에 선다. 누군가와의 말다툼, 일터에서의 경쟁, 관계 속에서의 갈등, 스스로와의 비교까지. 그러나 그 모든 싸움에서 반드시 이겨야만 하는 것은 아니다. 오히려 인생을 힘들게 만드는 것은 '이기지 못한 순간'보다, 이길 필요 없는 싸움에 너무 많은 힘을 써버린 순간들이다.

손자병법은 흔히 전쟁의 책으로 알려져 있다. 그러나 이 책을 끝까지 읽어본 사람이라면 알 것이다. 손자가 말한 것은 싸움의 기술이 아니라, 싸움을 줄이는 지혜였다는 사실을. 그는 무조건 이기라고 말하지 않았다. 대신 이렇게 말한다. 이길 수 없는 싸움은 시작하지 말고, 불필요한 충돌은 피하며, 이미 이긴 싸움만 선택하라고. 최고의 전략은 상대를 쓰러뜨리는 것이 아니라, 스스로를 소모시키지 않는 데 있다고.

오늘을 사는 우리는 전쟁터에 서 있지는 않다. 그러나 관계에는 늘 긴장이 있고, 일에서는 경쟁이 멈추지 않으며, 인생에서는 선택의 압박이 반복된다. 그래서 우리는 하루에도 몇 번씩 흔들리고, 지치고, 후회한다. 이 책은 바로 그런 순간에 질문을 던지기 위해 쓰였다. 지금 이 싸움은 정말 필요한가. 이 선택은 나를 이기게 하는가, 아니면 나를 조금씩 잃게 만드는가.

손자병법의 지혜를 오늘의 삶으로 옮겨오면, 전략은 곧 태도가 된다. 언제 나서야 하고, 언제 물러서야 하는지. 언제 말해야 하고, 언제 침묵해야 하는지. 무엇을 붙잡고, 무엇을 내려놓아야 하는지. 이 책은 바로 그 기준을 정리한 기록이다. 더 강해지기 위해 애쓰는 대신, 덜 흔들리는 방향을 찾기 위한 안내서이기도 하다.

이 책은 당신에게 더 치열해지라고 말하지 않는다. 더 많이 이기라고, 더 앞서가라고 다그치지도 않는다. 대신 이렇게 말하고 싶다. 인생에서는 이기는 것보다, 지지 않는 것이 훨씬 중요하다고. 무너지지 않고, 소모되지 않고, 스스로를 잃지 않는 것. 그것이야말로 오래 살아남는 전략이며, 결국 가장 큰 승리다.

손자병법은 오래된 책이지만, 그 지혜는 지금도 유효하다. 다만 전장을 삶으로 바꿔 읽을 때 비로소 그 진짜 힘이 드러난다. 이 책을 통해 당신이 모든 싸움에서 이기지 않아도 괜찮다는 사실, 그리고 지지 않는 삶은 충분히 설계할 수 있다는 사실을 발견하길 바란다. 그것이면, 이 책은 제 역할을 다한 것이다.

목차

1장. ─────────────────────────

싸움은 이미 시작되기 전에 끝난다

10장.

이기는 삶보다 지지 않는 삶

에필로그

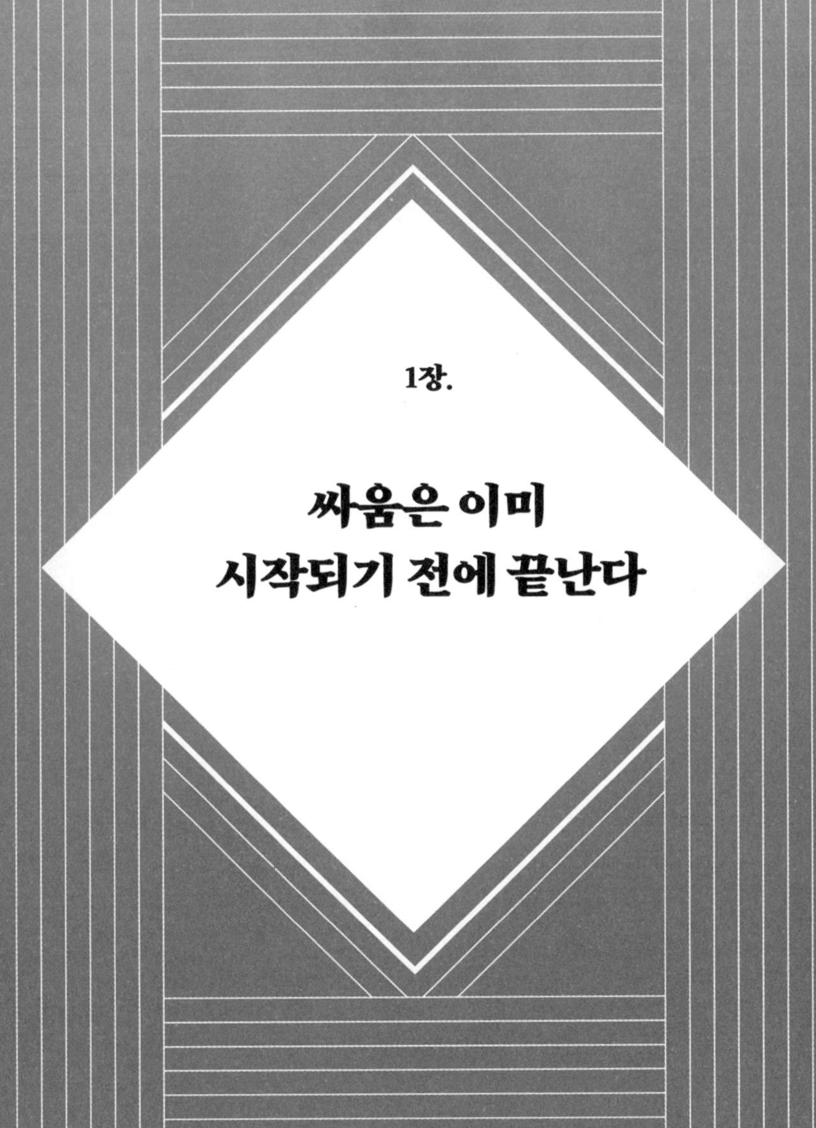

1장.

싸움은 이미 시작되기 전에 끝난다

이길 수 없는 싸움은 시작하지 않는다

사람들은 종종 싸움에 뛰어드는 순간을 용기로 착각한다. 참지 못해 내뱉은 말, 자존심을 건 경쟁, 지지 않겠다는 다짐으로 시작한 충돌은 대개 '강해 보이고 싶은 마음'에서 출발한다. 그러나 손자병법은 정반대의 지점을 가리킨다. 진짜 전략은 싸움을 잘하는 데 있지 않고, 싸움의 필요를 정확히 판단하는 데 있다고 말한다. 이길 수 없는 싸움이라면, 혹은 이겨도 남는 것이 없는 싸움이라면, 시작하지 않는 것이 가장 현명한 선택이라는 것이다.

우리는 이길 수 없는 싸움에 자주 발을 들인다. 상대가 누구인지, 상황이 어떤지, 내가 감당할 수 있는 범위가 어디까지인지 따져보기도 전에 감정이 앞선다. 그 순간에는 물러나는 것이 패배처럼 느껴지고, 침묵이 약함처럼 보인다. 하지만 대부분의 패배는 싸움의 결과에서 생기지 않는다. 싸움을 선택한 순간, 이미 상당 부분은 결정된다. 감정으로 시작한 싸움은 감정으로 끝나고, 자존심으로 시작한 경쟁은 자존심을 더 크게 다치게 한다.

손자는 전쟁을 계산의 영역으로 끌어왔다. 병력의 수, 지형, 보급, 사기, 타이밍까지 따져 승산이 없는 전투는 아예 피하라고 했다. 이것을 삶에 대입하면 훨씬 단순해진다. 지금 이 갈등에서 내가 얻을 수 있는 것이 무엇인지, 이 선택이 나의 에너지를 회복시키는지 아니면 소모시키는지, 이 관계가 나를 앞으로 보내는지 아니면 제자리에 묶어두는지를 먼저 살펴보라는 뜻이다. 이 질문에 명확한 답이 없다면, 그 싸움은 이미 불리한 전장이다.

특히 인간관계에서 이길 수 없는 싸움은 더욱 조심해야 한다. 상대를 바꾸려는 싸움, 인정받기 위한 경쟁, 과거의 상처를 증명하려는 말다툼은 거의 예외 없이 소모로 끝난다. 상대가 변하지 않는다는 사실을 알면서도 계속 부딪치는 것은, 패배를 예감하면서도 전장으로 걸어 들어가는 것과 다르지 않다. 이때 필요한 것은 더 강한 말이 아니라, 한 발 물러나 상황을 다시 정의하는 태도다.

이길 수 없는 싸움을 피한다고 해서 비겁해지는 것은 아니다. 오히려 자신을 정확히 아는 사람만이 가능한 선택이다. 자신의 한계를 알고, 감정의 흐름을 인식하며, 지금의 싸움이 인생 전체에서 어떤 의미를 가지는지 판단할 수 있을 때 비로소 물러날 수 있다.

손자는 이것을 '패배를 두려워하지 않는 용기'라고 보았다. 싸움을 피하는 것이 목적이 아니라, 불필요한 패배를 관리하는 것이 전략이기 때문이다.

삶에서 중요한 것은 몇 번 이겼느냐가 아니라, 얼마나 오래 무너지지 않았느냐다. 이길 수 없는 싸움을 피하는 순간, 우리는 비로소 힘을 아끼게 되고 선택의 폭을 넓히게 된다. 싸움을 줄이면 에너지가 남고, 에너지가 남으면 기회를 볼 수 있다. 결국 승리는 싸움의 횟수가 아니라, 선택의 정확도에서 나온다.

이 장에서 말하고 싶은 것은 단 하나다. 모든 싸움에 응답할 필요는 없다. 모든 도전에 증명으로 맞설 필요도 없다. 이길 수 없는 싸움은 시작하지 않는 것, 그것이 손자병법이 가르치는 첫 번째 삶의 지혜다. 그리고 이 원칙 하나만 지켜도, 인생에서 지는 순간은 눈에 띄게 줄어든다.

준비 없는 용기는 무모함이다

사람들은 용기를 높이 평가한다. 두려움 앞에서 물러서지 않는 태도, 손해를 감수하고 나서는 결단, 불리해 보여도 맞서는 자세를 우리는 흔히 '용감하다.'고 부른다. 그러나 손자병법은 용기라는 단어를 쉽게 쓰지 않는다. 손자가 경계한 것은 두려움이 아니라, 준비되지 않은 용기였다. 그는 용기가 전략을 대신하는 순간, 그것은 더 이상 미덕이 아니라 위험이 된다고 보았다.

준비 없는 용기는 대개 감정에서 시작된다. 억울함, 분노, 조급함, 혹은 뒤처지고 있다는 불안이 사람을 앞으로 떠민다. 이때의 행동은 결단처럼 보이지만, 실상은 상황을 충분히 이해하지 못한 채 반응하는 것에 가깝다. 결과적으로 이런 선택은 문제를 해결하기보다 새로운 문제를 만들어낸다. 싸움은 커지고, 관계는 틀어지며, 감당해야 할 대가는 눈덩이처럼 불어난다.

손자는 전쟁에서 가장 먼저 따져야 할 것이 '싸울 수 있는 상태인가.'라고 말했다. 병력은 충분한지, 보급은 유지되는지, 지형은 유리한지, 병사들의 사기는 버틸 수 있는지. 이 모든 조건이 갖춰지지 않았다면, 아무리 명분이 있어도 싸우지 말라고 했다. 삶에서도 마찬가지다. 지금의 내가 이 선택을 감당할 수 있는 상태인지, 이 결정을 끝까지 책임질 여력이 있는지, 그 이후의 파장까지 고려했는지 스스로에게 물어야 한다.

문제는 많은 사람들이 이 과정을 건너뛴다는 데 있다. 준비는 번거롭고, 기다림은 불안하며, 계산은 용기를 약하게 만드는 것처럼 느껴진다. 그래서 우리는 종종 "일단 부딪혀보자."라는 말로 자신을 설득한다. 하지만 준비되지 않은 부딪힘은 경험이 아니라 상처로 남는 경우가 더 많다. 실패를 견딜 힘이 없는 상태에서의 도전은 성장보다 후회를 남긴다.

준비는 행동을 늦추기 위한 것이 아니다. 오히려 행동의 방향을 정확하게 하기 위한 과정이다. 준비를 한다는 것은 정보를 모으고, 상황을 정리하고, 감정을 가라앉히며, 최악의 경우를 상상해보는 일이다. 이 과정을 거친 뒤에 내리는 선택은 속도가 느려 보일 수 있지만, 결과적으로는 훨씬 멀리 간다. 손자가 말한 승리는 빠른 돌진이 아니라, 치밀한 준비 끝에 얻어지는 결과였다.

특히 관계와 일의 영역에서 준비 없는 용기는 쉽게 오해를 낳는다. 충분히 이해하지 않은 상대에게 던진 말, 맥락을 고려하지 않은 행동은 진심과 상관없이 공격으로 받아들여진다. 그 결과, 본래 의도와는 전혀 다른 방향으로 상황이 흘러간다. 준비란 상대를 이기기 위한 계산이 아니라, 상황을 망치지 않기 위한 최소한의 배려이기도 하다.

용기란 두려움이 없는 상태가 아니다. 준비된 용기란 두려움을 인식한 상태에서 움직이는 힘이다. 위험을 모른 채 뛰어드는 것이 아니라, 위험을 알고도 감당할 수 있을 때 한 걸음 내딛는 것이다. 손자병법이 말하는 강함은 바로 여기에서 나온다. 무작정 나서는 사람이 아니라, 나설 때와 물러설 때를 구분할 줄 아는 사람이다.

이 장에서 기억해야 할 것은 단순하다. 용기는 전략을 대신할 수 없다. 준비되지 않은 용기는 상황을 바꾸지 못하고, 오히려 자신을 소모시킨다. 반대로 충분한 준비 위에 세워진 한 번의 선택은 많은 싸움을 하지 않아도 삶의 흐름을 바꾼다. 손자가 말한 진짜 용기는 언제나 조용했고, 그만큼 오래 살아남았다.

상대보다 먼저 상황을 읽는 사람

많은 사람들은 싸움에서 중요한 것이 힘이나 말솜씨, 혹은 결단력이라고 생각한다. 그래서 상황이 벌어지면 가장 먼저 목소리를 높이거나, 빠르게 움직이거나, 주도권을 잡으려 한다. 그러나 손자병법은 전혀 다른 지점을 강조한다. 진짜 승부는 행동이 아니라, 상황을 읽는 능력에서 갈린다는 것이다. 무엇을 할 것인가보다 더 중요한 것은, 지금 무엇이 벌어지고 있는지를 정확히 파악하는 일이다.

상황을 읽지 못한 사람은 늘 반 박자 늦는다. 문제가 커진 뒤에야 대응하고, 관계가 틀어진 뒤에야 이유를 찾으며, 흐름이 완전히 바뀐 뒤에야 방향을 수정하려 한다. 이때의 선택은 대부분 수습에 가깝다. 반면 상황을 먼저 읽는 사람은 겉으로 드러난 말과 행동

뒤에 숨은 흐름을 본다. 상대의 의도, 분위기의 변화, 작은 신호들을 통해 앞으로 벌어질 일을 예측한다. 싸움은 그 예측이 빗나갔을 때 시작된다.

손자는 전쟁에서 가장 중요한 능력으로 '형세를 보는 눈'을 들었다. 적이 강한지 약한지보다, 지금 어떤 위치에 있는지, 어떤 선택을 할 수밖에 없는 상태인지를 살피라고 했다. 이것은 상대를 분석하는 일이기도 하지만, 동시에 상황 전체를 조망하는 일이기도 하다. 누가 유리한지보다, 어디에서 판이 움직이고 있는지를 아는 것이 더 중요하다는 뜻이다.

삶에서도 마찬가지다. 갈등이 생겼을 때 바로 반응하기보다, 왜 이런 말이 나왔는지, 이 상황이 언제부터 만들어졌는지, 내가 놓치고 있는 전제는 없는지를 먼저 살펴야 한다. 대부분의 문제는 갑자기 생기지 않는다. 작은 불편, 미묘한 어긋남, 반복되는 신호들이 쌓여서 어느 순간 표면 위로 드러날 뿐이다. 상황을 읽는 사람은 이 축적의 과정을 놓치지 않는다.

특히 인간관계에서는 이 능력이 결정적인 차이를 만든다. 말한마디에 상처받고, 행동 하나에 분노하는 사람은 늘 상황의 결과만을 마주한다. 반대로 분위기의 변화를 먼저 느끼는 사람은 불필요한 충돌을 피한다. 지금은 밀어붙일 때가 아니라는 것, 이 문제는 말이 아니라 거리가 필요하다는 것, 혹은 당장은 아무것도 하지 않는 것이 최선이라는 것을 알아차린다. 이것은 계산이 아니라 감각에 가깝다. 그러나 그 감각은 경험과 관찰을 통해 길러진다.

상황을 읽는다는 것은 결정을 미루기 위한 핑계가 아니다. 오히려 잘못된 결정을 하지 않기 위한 준비다. 성급한 행동은 용기처럼 보일 수 있지만, 대개는 흐름을 거스른다. 흐름을 거스르는 선택은 에너지를 많이 쓰고, 그만큼 빠르게 지친다. 반면 상황을 읽고 나서는 선택은 적은 힘으로도 큰 변화를 만든다. 손자가 말한 승리는 바로 이런 방식으로 이루어진다.

상대보다 먼저 상황을 읽는 사람은 조용하다. 쉽게 흥분하지 않고, 즉각 반응하지 않으며, 굳이 모든 싸움에 참여하지 않는다. 그래서 때로는 소극적으로 보이기도 한다. 그러나 그 침착함 덕분에 그는 결정적인 순간을 놓치지 않는다. 싸워야 할 때와 피해야 할 때, 나서야 할 순간과 물러나야 할 순간을 구분할 수 있기 때문이다.

이 장의 핵심은 분명하다. 싸움에서 앞서는 사람은 힘센 사람이 아니라, 먼저 상황을 읽는 사람이다. 그리고 인생에서도 마찬가지다. 상황을 읽는 능력은 타고나는 재능이 아니라, 멈춰서 보고, 기다리고, 관찰하는 태도에서 만들어진다. 이 태도를 갖추는 순간, 우리는 이미 많은 싸움에서 한 발 앞서 있다.

시작 전에 이미 승부는 결정된다

사람들은 결과가 드러난 뒤에야 승부를 이야기한다. 누가 이겼는지, 누가 졌는지, 어디서부터 잘못되었는지를 따지며 그 순간을 기준으로 평가한다. 그러나 손자병법은 승패가 그보다 훨씬 이전에 결정된다고 말한다. 싸움이 벌어지기 전, 선택이 이루어지기 전, 심지어 마음이 움직이기 전부터 이미 방향은 정해져 있다는 것이다.

대부분의 패배는 준비의 부족이나 운의 탓이 아니다. 시작 단계에서의 판단 착오가 끝까지 이어진 결과다. 상황을 충분히 살피지 않은 채 내린 결정, 감정에 이끌린 첫 반응, 현실보다 바람에 가까운 기대는 처음에는 사소해 보인다. 하지만 이 작은 어긋남이 쌓이면서 결국 돌이킬 수 없는 결과를 만든다. 손자는 전쟁에서 승패를 가르는 요인을 전투 중의 용맹이 아니라, 그 이전에 이루어진 계산과 배치에서 찾았다.

삶에서도 중요한 선택은 대부분 조용히 시작된다. 갈등이 본격화되기 전에 이미 불편한 신호는 나타나고, 관계가 무너지기 전에 이미 균열은 생긴다. 그 신호를 무시한 채 "괜찮겠지."라고 넘기는 순간, 우리는 이미 불리한 쪽으로 한 발 내딛고 있는 셈이다. 싸움은 그 뒤에 따라올 뿐, 원인은 이미 만들어진 상태다.

손자병법이 말하는 '계산'은 단순한 손익 계산이 아니다. 자신이 어떤 상태에 있는지, 상대는 무엇을 원하는지, 지금의 환경은 어떤 방향으로 움직이고 있는지를 종합적으로 살피는 일이다. 이 과정이 부족하면 아무리 노력해도 결과는 쉽게 바뀌지 않는다. 시작이 잘못된 싸움은 중간에 아무리 애써도 흐름을 되돌리기 어렵다.

특히 관계와 일의 영역에서는 이 원칙이 더욱 분명하게 드러난다. 감정이 쌓이기 시작했을 때 대화를 미루고, 문제가 보일 때 정리하지 못하면 어느 순간 선택의 여지는 사라진다. 그때서야 뒤늦게 수습에 나서지만, 이미 판은 기울어 있다. 이때의 노력은 승부를 뒤집기보다 손실을 줄이는 데 그친다.

시작 전에 승부를 결정짓는 사람은 늘 질문부터 던진다. 이 선택을 감당할 준비가 되어 있는가, 지금 이 싸움이 내 인생 전체에서 어떤 의미를 갖는가, 이 방향이 나를 어디로 데려갈 것인가. 이 질문을 건너뛴 채 시작한 일은 나중에 반드시 그 대가를 요구한다. 손자가 말한 전략은 바로 이 질문을 놓치지 않는 태도였다.

이 장이 말하는 바는 단순하다. 결과를 바꾸고 싶다면 시작을 점검해야 한다. 싸움이 벌어진 뒤에 더 잘해보겠다고 다짐하는 것은 이미 늦은 경우가 많다. 반대로 시작을 바꾸면, 싸우지 않아도 결과는 달라진다. 시작 전에 이미 승부가 결정된다는 말은 운명을 체념하라는 뜻이 아니라, 선택의 순간을 더 신중히 대하라는 경고다.

삶의 많은 승부는 조용히 시작된다. 눈에 띄지 않는 판단, 사소해 보이는 선택이 쌓여 방향을 만든다. 그 흐름을 읽고 시작을 바로잡는 사람은 굳이 큰 싸움을 하지 않아도 된다. 손자병법의 지혜는 바로 여기에서 빛난다. 싸움이 시작되기 전, 이미 이길 수 있는 자리를 선택하는 것. 그것이 가장 확실한 전략이다.

감정으로 판단하는 순간 패배가 시작된다

사람은 이성으로 판단한다고 믿지만, 실제로는 감정이 먼저 움직이고 판단은 그 뒤를 따라오는 경우가 많다. 억울함, 분노, 불안, 자존심은 순식간에 선택의 방향을 바꾼다. 그리고 그 순간, 우리는 그 선택이 얼마나 불리한지조차 제대로 인식하지 못한다. 손자병법이 반복해서 경계한 것도 바로 이 지점이었다. 감정이 전면에 나서는 순간, 전략은 자리를 잃는다.

감정으로 내린 판단의 가장 큰 특징은 속도다. 빠르게 반응하고, 즉시 맞서며, 당장의 불편함을 해소하려 한다. 그러나 빠른 판단이 항상 옳은 것은 아니다. 오히려 감정이 개입된 결정일수록 선택의 폭은 급격히 좁아진다. 분노한 상태에서는 양보라는 선택이 사라지고, 불안한 상태에서는 기다림이 불가능해진다. 결국 우리는 한 가지 방향으로만 몰리고, 그 끝이 어디인지 살피지 못한 채 움직이게 된다.

손자는 전쟁에서 장수가 분노하거나 조급해지는 순간, 군 전체가 위험해진다고 보았다. 감정은 개인의 문제처럼 보이지만, 그 영향은 언제나 주변으로 번진다. 삶에서도 마찬가지다. 감정에 휘둘린 한마디는 관계 전체를 흔들고, 순간적인 분노로 내린 결정은 일의 흐름을 망가뜨린다. 이때의 패배는 눈에 보이는 결과보다 훨씬 이전에 이미 시작된다.

특히 인간관계에서 감정은 가장 큰 함정이 된다. 상대의 말에 즉각 반응하고, 상처받은 마음을 바로 돌려주려는 행동은 순간적으로는 통쾌할 수 있다. 그러나 그 통쾌함은 오래 가지 않는다. 감정으로 던진 말은 되돌릴 수 없고, 관계에 남긴 흔적은 쉽게 사라지지 않는다. 이길 수 있었던 대화가 감정 하나로 돌이킬 수 없는 싸움으로 변하는 이유다.

감정을 통제하라는 말은 감정을 없애라는 뜻이 아니다. 손자병법이 말한 통제란, 감정을 판단의 중심에서 한 발 물러나게 하는 것이다. 감정이 치솟을 때 바로 결정하지 않고, 잠시 거리를 두는 것만으로도 선택은 달라진다. 이 짧은 멈춤이 전략의 공간을 만든다. 감정과 판단 사이에 여백이 생길수록, 우리는 더 많은 가능성을 볼 수 있다.

감정으로 판단하지 않는 사람은 차갑게 보일 수 있다. 그러나 그는 상황을 냉정하게 보기 때문에, 오히려 불필요한 상처를 만들지 않는다. 감정을 억누르는 것이 아니라, 감정에 끌려다니지 않는 것이다. 손자가 말한 강함은 바로 이런 태도에서 나온다. 자신의 감정을 인식하면서도, 그 감정이 모든 선택을 지배하도록 허용하지 않는 힘이다.

이 장의 핵심은 분명하다. 감정이 판단을 대신하는 순간, 우리는 이미 패배의 방향으로 움직이기 시작한다. 반대로 감정을 한 걸음 뒤로 물릴 수 있다면, 싸움은 절반 이상 줄어든다. 손자병법은 이 사실을 오래전에 간파했다. 승부는 힘의 문제가 아니라, 감정을 다루는 능력에서 갈린다는 것을.

정보는 가장 강력한 무기다

사람들은 싸움에서 흔히 힘의 크기를 먼저 떠올린다. 누가 더 강한지, 누가 더 많은 자원을 가졌는지, 누가 더 유리한 위치에 서 있는지를 따진다. 그러나 손자병법은 전혀 다른 기준을 제시한다. 힘보다 먼저 따져야 할 것은 정보라고 말한다. 무엇을 알고 있는가, 무엇을 모르는가, 그리고 상대는 무엇을 알고 있는가. 이 차이가 승부를 가른다.

정보가 부족한 상태에서의 판단은 언제나 불안정하다. 추측으로 시작한 선택은 쉽게 흔들리고, 오해 위에 세운 전략은 오래 버티지 못한다. 우리는 종종 사실보다 감정에 의존해 상황을 해석한다. 상대의 의도를 짐작으로 판단하고, 일부 정보만으로 전체를 이해했다고 착각한다. 이때의 선택은 정확해 보일 수 있지만, 실제로는 빈틈이 많다. 손자는 이런 상태를 가장 위험한 전장으로 보았다.

전쟁에서 정보란 적의 위치와 병력만을 의미하지 않는다. 지형, 날씨, 보급 상태, 병사들의 사기까지 모두 포함된다. 이 중 하나라도 놓치면 승산은 급격히 떨어진다. 삶에서도 마찬가지다. 갈등이 생겼을 때 필요한 정보는 상대의 말뿐 아니라, 그 말이 나오기까지의 맥락, 관계의 역사, 지금 처한 상황까지 포함한다. 이 전체를 보지 못하면 우리는 늘 부분적인 대응에 그친다.

특히 인간관계에서 정보의 부족은 쉽게 감정으로 대체된다. 충분히 알지 못한 상태에서 상대를 단정하고, 이유를 묻기보다 해석부터 내린다. 그 결과 문제는 해결되지 않고, 오히려 더 복잡해진다. 정보를 모으는 과정은 때로 불편하다. 직접 묻기도 해야 하고, 기다려야 하며, 자신의 판단이 틀릴 가능성도 인정해야 한다. 그러나 이 과정을 생략한 선택은 반드시 그 대가를 요구한다.

손자병법이 강조한 정보의 힘은 단순히 많이 아는 데 있지 않다. 정확하게 알고, 필요할 때 활용하는 데 있다. 모든 정보를 한꺼번에 쓰려 들면 오히려 판단이 흐려진다. 중요한 것은 지금의 선택에 결정적인 영향을 미치는 정보가 무엇인지 가려내는 능력이다. 이 능력은 경험에서 나오지만, 그보다 더 중요한 것은 질문을 멈추지 않는 태도다.

정보를 가진 사람은 조급해지지 않는다. 이미 알고 있기 때문이다. 반대로 정보가 부족한 사람은 쉽게 흥분하고, 빠른 결론을 내리려 한다. 불확실성을 견디지 못해 서둘러 결정을 내리는 것이다. 손자는 이런 상태를 가장 경계했다. 정보가 부족할수록 기다려야 하고, 알수록 움직일 수 있다고 보았다.

삶에서 정보는 곧 선택의 범위다. 알고 있으면 선택지는 늘어나고, 모르고 있으면 길은 하나로 좁아진다. 이 하나의 길이 옳을 수도 있지만, 대개는 위험하다. 다른 가능성을 보지 못한 채 나아가는 길은 작은 변수에도 쉽게 무너진다. 그래서 정보는 힘보다 오래가고, 감정보다 믿을 수 있는 무기다.

이 장에서 말하고 싶은 것은 단순하다. 싸우기 전에 알아야 하고, 결정하기 전에 확인해야 한다. 정보 없이 내리는 용기 있는 선택은 대부분 무모함에 가깝다. 반대로 충분한 정보를 가진 선택은 큰 소리 없이도 상황을 바꾼다. 손자병법이 말한 진짜 강함은, 상대를 압도하는 힘이 아니라 상황을 지배하는 정보에서 나온다.

속도보다 중요한 것은 타이밍

사람들은 빠른 선택을 능력으로 착각한다. 남들보다 먼저 움직이고, 망설이지 않으며, 즉각 반응하는 태도가 유능해 보이기 때문이다. 그러나 손자병법은 속도를 전략의 핵심으로 보지 않았다. 손자가 중요하게 여긴 것은 얼마나 빨리 움직이느냐가 아니라, 언제 움직이느냐였다. 같은 행동이라도 타이밍이 맞지 않으면 성과는커녕 손실로 돌아온다.

속도가 문제를 해결해 줄 것이라는 믿음은 불안을 가리는 방식에 가깝다. 불확실한 상황에서 가만히 있는 것은 견디기 어렵기 때문에, 우리는 일단 움직이며 안도하려 한다. 하지만 준비되지 않은 빠른 행동은 상황을 단순하게 만들지 않는다. 오히려 선택지를 줄이고, 되돌릴 수 없는 방향으로 밀어붙인다. 손자는 이런 행동을

'흐름을 거스르는 움직임으로' 보았다.

전쟁에서 타이밍이란 적의 상태와 환경이 변화하는 지점을 포착하는 일이다. 상대가 지쳤을 때, 보급이 흔들릴 때, 방심이 시작될 때 움직여야 한다. 너무 이르면 힘만 소모되고, 너무 늦으면 기회는 사라진다. 삶에서도 이 원리는 그대로 적용된다. 말해야 할 때와 침묵해야 할 때, 나서야 할 순간과 물러나야 할 순간은 분명히 다르다. 이 구분이 없는 빠른 행동은 전략이 아니라 반응에 가깝다.

특히 관계에서 타이밍은 결정적이다. 감정이 격해진 순간에 던진 말은 진실이라도 상처가 되고, 상황이 가라앉은 뒤에야 비로소 의미를 전달할 수 있다. 반대로 이미 마음이 멀어진 뒤의 설득은 아무리 논리가 완벽해도 닿지 않는다. 같은 말이라도 언제 하느냐에 따라 결과는 완전히 달라진다. 타이밍을 읽지 못하면, 옳은 말조차 틀린 선택이 된다.

일과 선택의 영역에서도 마찬가지다. 준비가 끝나지 않았는데 시작하면 부담이 되고, 기회가 무르익었는데 망설이면 흐름을 놓친다. 이 균형을 맞추는 것이 어렵기 때문에, 많은 사람들은 속도로 대신하려 한다. 빨리 결정하면 틀려도 덜 부끄럽다고 느끼기 때문이다. 그러나 손자병법은 빠른 실패보다, 정확한 한 번을 더 가치 있게 보았다.

타이밍을 아는 사람은 기다릴 줄 안다. 기다림은 소극적인 태도가 아니라, 흐름을 관찰하는 능동적인 선택이다. 상황이 아직 준비되지 않았음을 알기에 움직이지 않는 것이고, 결정적인 순간을 위해 힘을 남겨두는 것이다. 이 기다림이 가능하려면 불안을 견딜 수 있어야 한다. 손자가 말한 강함은 바로 이 불확실성을 견디는 힘이었다.

속도는 눈에 띄지만, 타이밍은 드러나지 않는다. 그래서 사람들은 속도를 선택하고, 타이밍을 놓친다. 그러나 인생에서 중요한 승부는 대개 조용히 결정된다. 너무 이르지도, 너무 늦지도 않은 그 순간을 포착하는 사람만이 적은 힘으로 큰 변화를 만든다.

이 장의 핵심은 분명하다. 빨리 움직이는 사람이 앞서는 것이 아니라, 맞는 순간에 움직이는 사람이 오래 간다. 손자병법이 말하는 전략은 언제나 속도보다 타이밍을 먼저 묻는다. 그리고 그 질문에 답할 수 있을 때, 우리는 불필요한 싸움을 줄이고 결정적인 선택만 남길 수 있다.

승리는 우연이 아니라 설계다

사람들은 결과가 좋으면 운이 따랐다고 말한다. 반대로 일이 어긋나면 운이 없었다고 스스로를 위로한다. 그러나 손자병법은 승리와 패배를 운의 영역에 두지 않는다. 손자는 우연에 기대는 싸움을 가장 위험한 도박으로 보았다. 승리는 갑자기 찾아오는 행운이 아니라, 보이지 않는 시간 동안 축적된 설계의 결과라는 것이다.

우리가 부러워하는 많은 성공은 겉으로 보면 단번에 이루어진 것처럼 보인다. 그러나 그 이면을 들여다보면, 치밀한 준비와 반복된 선택, 그리고 수많은 싸움을 피한 흔적이 남아 있다. 손자가 말한 승리 역시 마찬가지다. 그는 전투에서의 한 번의 용맹이나 기지에 기대지 않았다. 대신 상황을 만들고, 흐름을 유리하게 설계하며, 싸워야 할 순간이 오기 전에 이미 승부를 끝내놓으려 했다.

삶에서도 진짜 승리는 드라마처럼 나타나지 않는다. 조용히 축적된 선택의 결과로 어느 날 자연스럽게 드러날 뿐이다. 좋은 관계는 하루아침에 만들어지지 않고, 안정적인 일의 흐름 역시 단번에 완성되지 않는다. 매번의 작은 판단이 쌓여, 어느 순간 '잘 풀린다.'는 느낌으로 돌아온다. 이때 우리는 운이 좋았다고 말하지만, 실제로는 오래전부터 방향이 설계되어 있었던 것이다.

설계 없는 싸움은 늘 불안하다. 그때그때 상황에 반응하며 움직이는 사람은 우연에 삶을 맡기게 된다. 오늘은 이기고, 내일은 지며, 흐름에 따라 흔들린다. 반면 설계된 선택을 하는 사람은 결과에 일희일비하지 않는다. 이미 전체의 방향을 알고 있기 때문이다. 손자는 이런 상태를 가장 강한 위치로 보았다. 싸우고 있지 않아도, 이미 유리한 자리에 서 있는 상태 말이다.

특히 인생에서는 모든 싸움이 눈에 보이는 전투로 나타나지 않는다. 어떤 싸움은 선택하지 않음으로써 끝나고, 어떤 승리는 기다림 속에서 완성된다. 이때 필요한 것은 순간적인 용기보다, 장기적인 그림을 그리는 힘이다. 무엇을 반복할 것인지, 무엇을 피할 것인지, 어디까지를 감당할 것인지에 대한 기준이 있을 때, 삶은 쉽게 흔들리지 않는다.

승리를 설계한다는 것은 결과를 완전히 통제하겠다는 오만이 아니다. 불확실성을 줄이겠다는 태도에 가깝다. 손자는 모든 변수를 통제할 수 없다는 사실을 알았지만, 최소한 예측 가능한 영역에서는 우연이 개입하지 않도록 만들고자 했다. 이것이 전략의 본질이다. 삶에서도 마찬가지다. 모든 일이 뜻대로 되지는 않지만, 반복되는 패배는 충분히 줄일 수 있다.

이 장에서 말하고 싶은 것은 분명하다. 승리는 기다리는 것이 아니라 만드는 것이다. 갑작스러운 행운을 바라는 순간, 우리는 준비를 멈춘다. 반대로 승리를 설계하는 사람은 오늘의 사소한 선택을 가볍게 여기지 않는다. 그 선택들이 모여 결국 방향을 만들기 때문이다.

손자병법이 가르치는 마지막 메시지는 여기에서 완성된다. 싸움은 시작되기 전에 이미 끝나 있고, 그 끝은 우연이 아니라 설계의 결과다. 이 사실을 받아들이는 순간, 우리는 더 이상 운에 삶을 맡기지 않는다. 대신 조용히, 그러나 확실하게 지지 않는 삶을 만들어가기 시작한다.

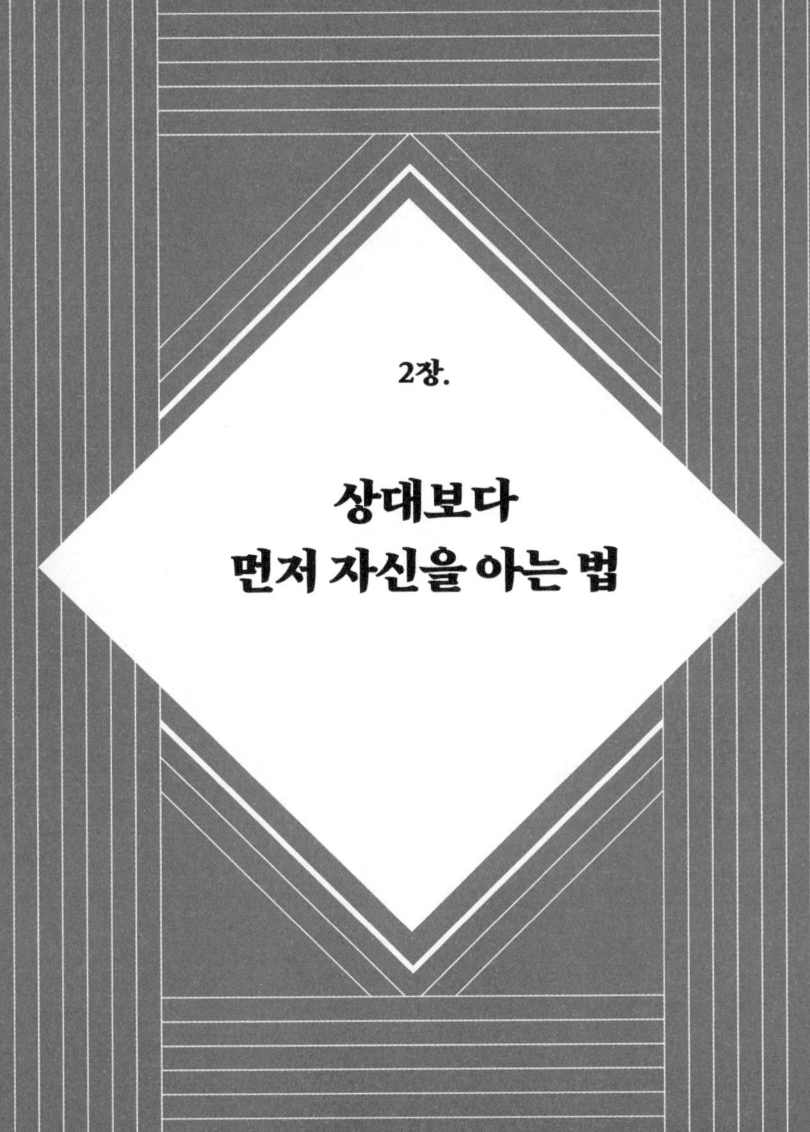

2장.

상대보다
먼저 자신을 아는 법

나의 한계를 아는 것이 전략이다

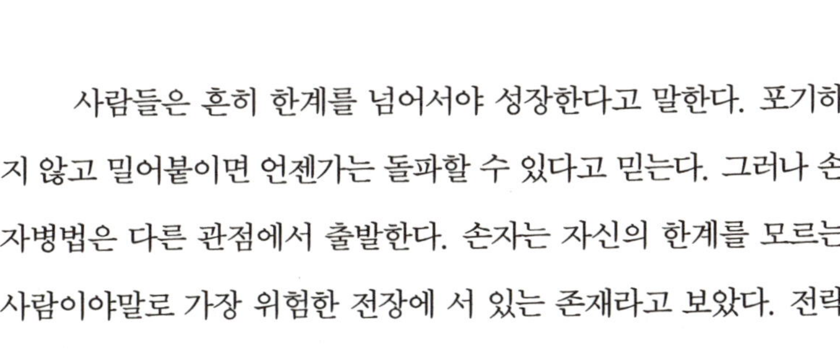

　사람들은 흔히 한계를 넘어서야 성장한다고 말한다. 포기하지 않고 밀어붙이면 언젠가는 돌파할 수 있다고 믿는다. 그러나 손자병법은 다른 관점에서 출발한다. 손자는 자신의 한계를 모르는 사람이야말로 가장 위험한 전장에 서 있는 존재라고 보았다. 전략은 넘어서기 전에, 먼저 어디까지가 가능한지를 정확히 아는 데서 시작된다는 것이다.

　한계를 안다는 것은 자신을 과소평가하는 일이 아니다. 오히려 가장 냉정한 자기 인식이다. 내가 감당할 수 있는 압박의 크기, 감정이 흔들리기 시작하는 지점, 장기적으로 유지할 수 있는 속도와 방식이 어디까지인지 아는 사람은 불필요한 싸움에 자신을 소모하지 않는다. 반대로 한계를 모르는 사람은 매번 전력을 쏟아붓고,

결국 결정적인 순간에 버티지 못한다.

손자는 전쟁에서 장수의 능력을 판단할 때 용맹보다 판단력을 먼저 보았다. 싸울 수 없는 상황에서 싸우지 않는 선택, 버텨야 할 때와 물러나야 할 때를 구분하는 능력이 전쟁의 흐름을 좌우했기 때문이다. 이는 자신의 군대가 어디까지 버틸 수 있는지를 정확히 아는 데서 나온다. 과신은 병력을 죽이고, 오만은 패배를 부른다.

삶에서도 이 원리는 그대로 적용된다. 우리는 종종 자신의 상태를 무시한 채 선택한다. 피로가 누적된 상태에서 더 많은 일을 맡고, 이미 감정이 소진된 관계를 억지로 끌고 가며, 회복되지 않은 마음으로 또 다른 싸움에 뛰어든다. 이때의 문제는 의지가 부족해서가 아니라, 한계를 외면했다는 데 있다. 한계를 무시한 의지는 오래가지 못한다.

자신의 한계를 아는 사람은 기준이 분명하다. 무엇은 할 수 있고, 무엇은 지금 할 수 없는지를 구분한다. 이 구분은 포기가 아니라 전략이다. 당장 하지 않는다고 해서 영원히 못하는 것은 아니다. 오히려 한계를 인정한 선택은 다음 기회를 준비하는 여지를 남긴다. 손자가 말한 '이기는 싸움만 선택하라'는 원칙은 바로 이 판단에서 나온다.

특히 관계에서 한계를 아는 태도는 중요하다. 모든 사람을 이해하려 애쓰지 않아도 되고, 모든 요구에 응답할 필요도 없다. 나를 소모시키는 방식의 친절과 책임감은 결국 관계를 망가뜨린다. 어디까지가 나의 몫인지, 어디부터는 상대의 책임인지를 분명히 아는 것이 관계를 오래 유지하는 전략이다.

한계를 안다는 것은 자신에게 솔직해지는 일이다. 지금의 내가 무엇을 견딜 수 있는지, 무엇을 넘기면 무너지는지를 인정하는 것이다. 이 인정이 있어야 비로소 선택이 가벼워지고, 판단이 흔들리지 않는다. 손자병법이 말하는 강함은 무조건 버티는 힘이 아니라, 무너지기 전에 멈출 줄 아는 지혜였다.

이 장에서 말하고 싶은 것은 단순하다. 자신의 한계를 아는 사람은 싸움을 줄이고, 정확하게 선택을 한다. 한계를 인정하지 않는 용기는 결국 자신을 전장에 방치하는 일에 불과하다. 반대로 한계를 전략으로 삼는 순간, 우리는 불필요한 패배에서 벗어나 오래 갈 수 있는 길 위에 서게 된다. 그것이 손자병법이 말하는 첫 번째 자기 전략이다.

강점은 드러낼수록 소모된다

사람들은 자신의 강점을 드러내야 인정받고, 앞서 나갈 수 있다고 믿는다. 능력을 보여주지 않으면 평가받지 못하고, 주도권을 잡지 못한다고 생각한다. 그러나 손자병법은 정반대의 시선을 제시한다. 손자는 강점은 과시할수록 약해지고, 숨길수록 오래 간다고 보았다. 전략의 관점에서 강점은 자랑이 아니라 관리의 대상이기 때문이다.

전쟁에서 강한 군대는 쉽게 모습을 드러내지 않는다. 상대가 강함을 인식하는 순간, 그에 맞는 대비가 시작되기 때문이다. 손자는 적에게 자신의 전력을 노출하지 말라고 했다. 싸우기 전부터 상대에게 대비할 시간을 주는 것은, 스스로 우위를 포기하는 행동과 다르지 않다. 강함은 보여주는 순간부터 서서히 소모되기 시작한다.

삶에서도 마찬가지다. 일을 잘하는 사람일수록 더 많은 일을 맡게 되고, 책임감이 강한 사람일수록 더 많은 부담을 짊어진다. 처음에는 인정처럼 느껴지지만, 시간이 지날수록 그것은 소모로 변한다. 강점을 계속해서 드러내는 사람은 자신의 에너지를 관리할 틈을 잃고, 결국 지치거나 이용당하는 위치에 놓이기 쉽다.

강점을 숨기라는 말은 능력을 감추고 소극적으로 살라는 뜻이 아니다. 언제, 어디에서, 어느 정도까지 쓸 것인지를 선택하라는 의미다. 손자병법이 말한 전략은 언제나 선택의 문제였다. 모든 전투에 최강의 무기를 사용할 필요는 없고, 모든 상황에서 전력을 다할 이유도 없다. 강점은 결정적인 순간을 위해 남겨둘수록 그 힘이 커진다.

특히 관계에서는 강점의 노출이 쉽게 왜곡된다. 지나친 배려는 당연함으로 받아들여지고, 과도한 성실함은 끝없는 요구로 이어진다. 처음에는 좋은 사람으로 보이지만, 결국 스스로를 소모시키는 구조에 갇히게 된다. 이때 필요한 것은 더 잘해주는 것이 아니라, 강점을 조절하는 용기다.

강점을 관리하는 사람은 기준이 분명하다. 무엇을 맡고, 무엇을 거절할지를 스스로 정한다. 이 기준이 없으면 강점은 무기가 아니라 짐이 된다. 손자가 말한 강함은 상대를 압도하는 힘이 아니라, 자신의 힘을 언제 꺼낼지를 아는 판단력이었다.

강점은 쓰지 않을 때 사라지는 것이 아니라, 무분별하게 쓸 때 닳아버린다. 계속해서 같은 방식으로 강점을 소모하면, 그것은 더 이상 차별점이 되지 못한다. 오히려 피로와 부담만 남는다. 반대로 강점을 아끼는 사람은 적은 횟수의 선택으로도 큰 효과를 만든다.

이 장의 핵심은 분명하다. 강점은 드러낼수록 소모되고, 관리할수록 오래 간다. 손자병법은 우리에게 끊임없이 묻는다. 지금 이 상황에서 정말 이 힘을 써야 하는가, 아니면 남겨두는 것이 더 전략적인가. 이 질문을 할 수 있을 때, 강점은 비로소 삶을 지키는 무기가 된다.

약점은 숨기지 말고 관리하라

사람들은 약점을 들키지 않으려 애쓴다. 부족한 부분을 감추고, 흔들리는 모습을 보이지 않으려 하며, 약함이 드러나는 순간 경쟁에서 밀릴 것이라고 믿는다. 그러나 손자병법은 약점을 숨기는 태도보다, 약점을 관리하지 못하는 상태를 더 위험하게 본다. 약점은 감춘다고 사라지지 않으며, 오히려 방치할수록 결정적인 순간에 문제를 일으킨다.

전쟁에서 약점이란 반드시 병력의 열세만을 의미하지 않는다. 보급의 취약함, 지형의 불리함, 사기의 흔들림 같은 요소들 역시 모두 약점이 된다. 손자는 이런 약점을 모른 척하지 않았다. 대신 그 약점이 드러나지 않도록 전장을 설계하고, 보완하거나 피하는 전략을 택했다. 약점을 인정하는 것이 패배가 아니라, 오히려 패배를 막는 첫 단계였기 때문이다.

삶에서도 약점을 숨기려는 태도는 많은 문제를 만든다. 자신의 한계를 인정하지 않으면 무리한 선택을 반복하게 되고, 결국 더 큰 실패로 이어진다. 감정 관리가 약한 사람이 분노를 억누르기만 하면, 언젠가는 더 크게 폭발한다. 체력이나 집중력이 떨어진 상태를 외면하면, 어느 순간 완전히 무너진다. 약점은 관리하지 않으면 반드시 모습을 드러낸다.

약점을 관리한다는 것은 그것을 중심에 두고 전략을 짜는 일이다. 감정이 쉽게 흔들린다면, 중요한 결정을 내릴 때 시간을 두는 규칙을 만들면 된다. 체력이 약하다면 무리한 일정과 장기전을 피하는 방식으로 선택을 조정하면 된다. 말에 약점이 있다면, 즉각적인 대응보다 기록과 정리를 활용할 수도 있다. 약점을 기준으로 삶을 재설계하는 것이 손자가 말한 전략이었다.

특히 관계에서 약점의 관리는 더욱 중요하다. 자신의 취약한 지점을 스스로 알고 있으면 불필요한 상처를 줄일 수 있다. 반복해서 흔들리는 패턴을 인식하고, 그 상황을 피하거나 구조를 바꾸는 선택을 할 수 있기 때문이다. 반대로 약점을 인정하지 않으면 같은 갈등을 계속 반복하며 스스로를 소모시킨다.

약점을 드러내는 것과 약점을 방치하는 것은 전혀 다르다. 관리된 약점은 오히려 신뢰를 만든다. 자신이 무엇에 약한지 알고 있는 사람은 무리한 약속을 하지 않고, 감당할 수 있는 범위 안에서 움직인다. 이 태도는 주변 사람들에게도 안정감을 준다. 손자병법이 말한 강함은 완벽함이 아니라, 자기 이해에서 비롯된 균형이었다.

이 장에서 말하고 싶은 것은 분명하다. 약점은 숨길 대상이 아니라 관리해야 할 정보다. 외면한 약점은 반드시 약한 고리가 되어 돌아온다. 반대로 약점을 전략으로 편입하는 순간, 그것은 더 이상 치명적인 문제가 되지 않는다. 손자는 우리에게 이렇게 가르친다. 강한 사람은 약점이 없는 사람이 아니라, 자신의 약점을 다루는 방법을 아는 사람이라고.

자신을 과대평가하는 순간 무너진다

　사람을 가장 쉽게 무너뜨리는 것은 약점이 아니라 과신이다. 스스로를 믿는 것과 자신을 과대평가하는 것은 전혀 다른 문제인데, 우리는 종종 이 둘을 혼동한다. 손자병법이 가장 경계한 태도 역시 바로 이 지점이었다. 자신의 힘을 정확히 아는 것은 전략이지만, 자신의 능력을 실제보다 크게 보는 순간 전략은 붕괴된다.

　과대평가는 대개 작은 성공에서 시작된다. 한두 번의 성과, 몇 차례의 인정이 자신감으로 바뀌고, 그 자신감이 어느 순간부터는 검증되지 않은 확신이 된다. "이 정도는 해낼 수 있다."는 판단이 반복되면서 준비는 줄어들고, 점검은 사라진다. 손자는 이 상태를 가장 위험한 전조로 보았다. 전쟁에서의 패배는 대개 적의 강함보다 자신의 과신에서 비롯되기 때문이다.

삶에서도 마찬가지다. 경험이 쌓일수록 사람은 스스로를 잘 안다고 믿게 된다. 그러나 상황은 늘 변하고, 조건은 반복되지 않는다. 과거의 성공 방식이 현재에도 통할 것이라는 확신은 판단을 흐리게 만든다. 이때 우리는 경고 신호를 무시하고, 불편한 조언을 귀찮아하며, 점점 혼자만의 계산에 갇힌다. 과대평가는 외부보다 내부에서 먼저 균열을 만든다.

손자병법은 장수가 항상 최악의 상황을 가정해야 한다고 말한다. 이는 비관주의가 아니라 현실 인식이다. 자신이 이길 수 있다고 믿는 순간에도, 질 가능성을 함께 고려해야 한다는 뜻이다. 이 균형이 무너지면 판단은 극단으로 치우친다. 지나친 자신감은 무모함으로, 지나친 낙관은 방심으로 이어진다.

특히 관계와 일의 영역에서 과대평가는 쉽게 드러난다. 상대의 반응을 이미 예측했다고 믿고 말을 던지거나, 상황을 충분히 통제하고 있다고 생각하며 무리한 선택을 한다. 이때의 문제는 실패 자체보다, 실패를 받아들일 준비가 되어 있지 않다는 데 있다. 자신을 과대평가한 사람은 결과가 어긋났을 때 책임을 외부로 돌리기 쉽고, 그만큼 더 빠르게 고립된다.

자신을 정확히 아는 사람은 늘 여지를 남긴다. 틀릴 수 있다는 가능성, 놓친 부분이 있을 수 있다는 전제를 버리지 않는다. 그래서 그의 판단은 유연하고, 상황 변화에도 빠르게 적응한다. 손자가 말한 강함은 절대적인 자신감이 아니라, 스스로를 의심할 줄 아는 능력에서 나왔다.

과대평가는 스스로를 보호하는 착각이기도 하다. 불안과 두려움을 감추기 위해 자신을 크게 보이게 만들지만, 그 착각은 오래 가지 않는다. 현실은 반드시 그 간극을 드러내기 때문이다. 그 순간 무너지는 것은 상황이 아니라, 준비되지 않은 자존감이다.

이 장의 핵심은 명확하다. 자신을 믿되, 과대평가하지 말라. 정확한 자기 인식이 없는 자신감은 가장 빠른 패배의 길이다. 손자병법은 우리에게 이렇게 경고한다. 적을 얕보는 것보다 더 위험한 것은, 자신을 과하게 믿는 일이라고. 이 경계를 지킬 때, 우리는 불필요한 붕괴를 피하고 오래 버틸 수 있다.

모든 판단은 자기 인식에서 시작된다

사람들은 종종 상황이 판단을 만든다고 생각한다. 환경이 어렵기 때문에, 상대가 그렇게 행동했기 때문에, 선택의 여지가 없었다고 말한다. 그러나 손자병법은 판단의 출발점을 외부에 두지 않는다. 손자는 언제나 먼저 묻는다. 지금 판단하는 나는 어떤 상태인가. 이 질문을 건너뛴 선택은 대부분 흔들린다.

자기 인식이란 거창한 성찰이 아니다. 지금의 감정 상태, 체력, 집중력, 이해 수준을 솔직하게 아는 일이다. 분노한 상태에서 내린 판단은 공격적으로 흐르고, 지친 상태에서의 결정은 회피로 기운다. 불안이 크면 위험을 과장하고, 자신감이 지나치면 경고를 무시한다. 판단의 질은 상황보다 판단하는 사람의 상태에 더 크게 좌우된다.

손자병법에서 장수는 전투 전에 반드시 자신과 군의 상태를 점검한다. 병사들의 사기가 어떤지, 지휘 체계가 흔들리고 있지는 않은지, 장수 자신이 냉정함을 유지하고 있는지를 살핀다. 이 점검 없이 내리는 명령은 위험하다. 삶에서도 마찬가지다. 내가 지금 어떤 상태인지 모른 채 내린 선택은, 그 자체로 불안정한 기초 위에 서 있다.

특히 갈등 상황에서는 자기 인식이 쉽게 사라진다. 억울함이나 분노가 앞서면, 우리는 자신이 얼마나 흔들리고 있는지조차 인식하지 못한다. 그 상태에서 내린 판단은 대개 '옳음'을 향하지만, 결과는 관계의 악화나 상황의 확대다. 이때의 문제는 판단의 내용이 아니라, 판단이 이루어진 시점이다. 자신을 모르는 상태에서의 선택은 언제나 과잉으로 흐른다.

자기 인식이 분명한 사람은 결정을 서두르지 않는다. 지금은 말할 때가 아니라는 것을 알고, 지금은 기다려야 한다는 사실을 받아들인다. 이는 소극함이 아니라 정확함이다. 손자는 이런 태도를 가장 강한 위치로 보았다. 흔들리지 않는 판단은 늘 자기 상태를 아는 데서 출발하기 때문이다.

모든 판단이 완벽할 수는 없다. 그러나 자기 인식이 있으면, 판단이 틀렸을 때 수정할 수 있다. 자신이 어떤 이유로 그렇게 선택했는지 알기 때문이다. 반대로 자기 인식이 없는 판단은 실패했을 때 이유를 찾지 못한다. 그 결과 같은 실수를 반복한다. 손자병법이 말한 전략은 승리 자체보다, 재현 가능한 선택에 더 가까웠다.

자기 인식은 연습으로 길러진다. 선택의 결과를 돌아보고, 감정이 개입된 지점을 확인하며, 판단이 흐려진 순간을 기록하는 것만으로도 충분하다. 이 과정이 쌓이면 우리는 점점 더 정확한 선택을 할 수 있게 된다. 손자가 말한 지혜는 타고나는 것이 아니라, 반복되는 점검에서 만들어진다.

이 장에서 말하고 싶은 것은 단순하다. 외부를 바꾸기 전에 먼저 자신을 살펴야 한다. 모든 판단은 자기 인식에서 시작되고, 그 인식의 깊이만큼 선택은 단단해진다. 손자병법이 전쟁보다 사람을 먼저 보았던 이유도 바로 여기에 있다. 자신을 아는 사람만이, 상황을 이길 수 있다.

감정의 패턴을 파악하라

　사람은 매번 새로운 감정으로 반응하는 것처럼 보이지만, 실제로는 비슷한 감정의 흐름을 반복한다. 같은 상황에서 비슷하게 흔들리고, 같은 말에 같은 방식으로 상처받으며, 비슷한 순간에 분노하거나 주저한다. 손자병법은 이런 반복을 우연으로 보지 않았다. 반복되는 감정의 흐름은 관리하지 않으면 반드시 약점이 된다고 보았다.

　감정의 패턴을 모르면 우리는 늘 즉각 반응하게 된다. 그 반응은 그때그때 다르게 보이지만, 결과는 놀라울 만큼 비슷하다. 관계에서는 갈등이 반복되고, 일에서는 같은 지점에서 막히며, 선택에서는 후회가 되풀이된다. 이 반복을 멈추지 못하는 이유는 상황 때문이 아니라, 자신의 감정 패턴을 인식하지 못했기 때문이다.

손자는 전쟁에서 적의 움직임뿐 아니라, 자신의 군이 언제 흔들리는지를 중요하게 살폈다. 피로가 누적되는 시점, 사기가 떨어지는 순간, 조급함이 퍼지는 타이밍을 알고 있으면 큰 패배를 피할 수 있기 때문이다. 삶에서도 감정의 패턴을 아는 사람은 위기를 미리 감지한다. 감정이 폭발한 뒤에 수습하는 것이 아니라, 흔들리기 시작하는 지점에서 멈출 수 있다.

감정의 패턴은 대개 특정 자극에서 시작된다. 인정받지 못한다고 느낄 때, 통제권을 잃었다고 생각할 때, 비교가 시작될 때 우리는 비슷한 방식으로 반응한다. 이 자극을 알지 못하면 감정은 늘 외부의 탓이 된다. 반대로 자신의 패턴을 인식하면, 감정은 더 이상 통제 불가능한 변수가 아니다.

감정의 패턴을 파악하는 일은 감정을 억누르는 것이 아니다. 오히려 감정을 존중하는 일에 가깝다. 언제 흔들리는지, 어떤 상황에서 약해지는지를 인정해야 관리가 가능해진다. 손자병법이 말한 전략은 감정을 제거하는 것이 아니라, 감정이 전략을 망치지 않도록 배치하는 것이었다.

특히 중요한 선택 앞에서는 감정의 패턴이 더욱 분명하게 드러난다. 불안이 커질수록 서두르고, 분노가 쌓일수록 밀어붙이며, 상처가 깊어질수록 극단적인 결정을 내린다. 이 흐름을 알고 있으면 우리는 판단을 잠시 보류하거나, 다른 방식으로 대응할 수 있다.

감정의 패턴을 아는 것만으로도 선택의 질은 눈에 띄게 달라진다.

감정의 패턴은 기록을 통해 가장 잘 드러난다. 어떤 상황에서 어떤 감정이 올라왔는지, 그때 어떤 선택을 했는지를 돌아보는 것만으로도 충분하다. 반복되는 지점이 보이기 시작하면, 우리는 더 이상 감정의 희생자가 아니다. 손자는 이런 상태를 '싸우지 않고 이기는 위치'라고 보았다.

이 장의 핵심은 분명하다. 감정은 사라지지 않지만, 패턴은 관리할 수 있다. 자신의 감정 패턴을 아는 사람은 흔들리기 전에 멈추고, 무너지기 전에 방향을 바꾼다. 손자병법이 가르치는 강함은 감정이 없는 상태가 아니라, 감정을 읽고 다루는 능력이다.

흔들리는 지점이 곧 약점이다

사람은 누구나 흔들린다. 문제는 흔들림 그 자체가 아니라, 어디에서 흔들리는지를 모른다는 데 있다. 손자병법은 약점을 숨기기보다, 약점이 드러나는 지점을 정확히 파악하는 것이 전략의 출발이라고 말한다. 반복해서 흔들리는 순간은 우연이 아니라, 관리되지 않은 약점이 드러난 신호다.

우리는 흔들릴 때 보통 외부를 탓한다. 상황이 나빴다고 말하고, 상대의 말이 지나쳤다고 생각한다. 물론 환경의 영향은 분명 존재한다. 그러나 같은 상황에서도 어떤 사람은 크게 흔들리고, 어떤 사람은 비교적 안정적으로 반응한다. 이 차이는 의지의 문제가 아니라, 자신이 흔들리는 지점을 알고 있는지의 차이다.

손자는 전쟁에서 병력의 규모보다 균열을 보았다. 군이 언제 무너지는지, 어느 지점에서 사기가 급격히 떨어지는지를 알면, 그 싸움의 결과는 이미 예측 가능해진다. 삶에서도 마찬가지다. 반복해서 상처받는 말, 특정 유형의 사람 앞에서 작아지는 태도, 비교가 시작될 때 흔들리는 감정은 모두 약점의 위치를 알려주는 표식이다.

흔들리는 지점을 모르면 같은 싸움을 계속 반복하게 된다. 이미 상처받았던 방식으로 또 다치고, 후회했던 선택을 다시 되풀이한다. 반대로 그 지점을 알고 있으면, 상황을 바꾸지 않아도 대응을 바꿀 수 있다. 손자병법이 말한 전략은 환경을 완전히 통제하는 것이 아니라, 취약한 지점을 중심으로 움직임을 조정하는 일이었다.

흔들리는 지점은 대부분 감정과 연결되어 있다. 인정받고 싶다는 욕구, 버림받을지 모른다는 두려움, 뒤처질 것 같다는 불안이 특정 상황에서 강하게 반응한다. 이 감정들을 외면하면 약점은 계속 같은 방식으로 드러난다. 그러나 그 감정을 인식하고 받아들이면, 약점은 더 이상 기습이 되지 않는다.

자신의 약점을 아는 사람은 무리하지 않는다. 흔들릴 수밖에 없는 전장을 일부러 선택하지 않고, 그 지점을 건너뛸 수 있는 구조를 만든다. 이는 도망이 아니라 전략이다. 손자는 불리한 지형에서 싸우지 않는 것을 가장 현명한 선택으로 보았다. 삶에서도 마찬가지다. 흔들리는 지점을 피하는 것은 패배가 아니라, 지지 않는 선택이다.

이 장의 핵심은 단순하다. 약점은 숨길 대상이 아니라, 위치를 알아야 할 정보다. 내가 어디에서 흔들리는지 아는 순간, 그 약점은 힘을 잃는다. 손자병법은 우리에게 이렇게 말한다. 강한 사람은 흔들리지 않는 사람이 아니라, 흔들리는 지점을 알고 그곳에 자신을 놓지 않는 사람이라고. 이 인식이 생길 때, 우리는 불필요한 패배에서 한 걸음 멀어진다.

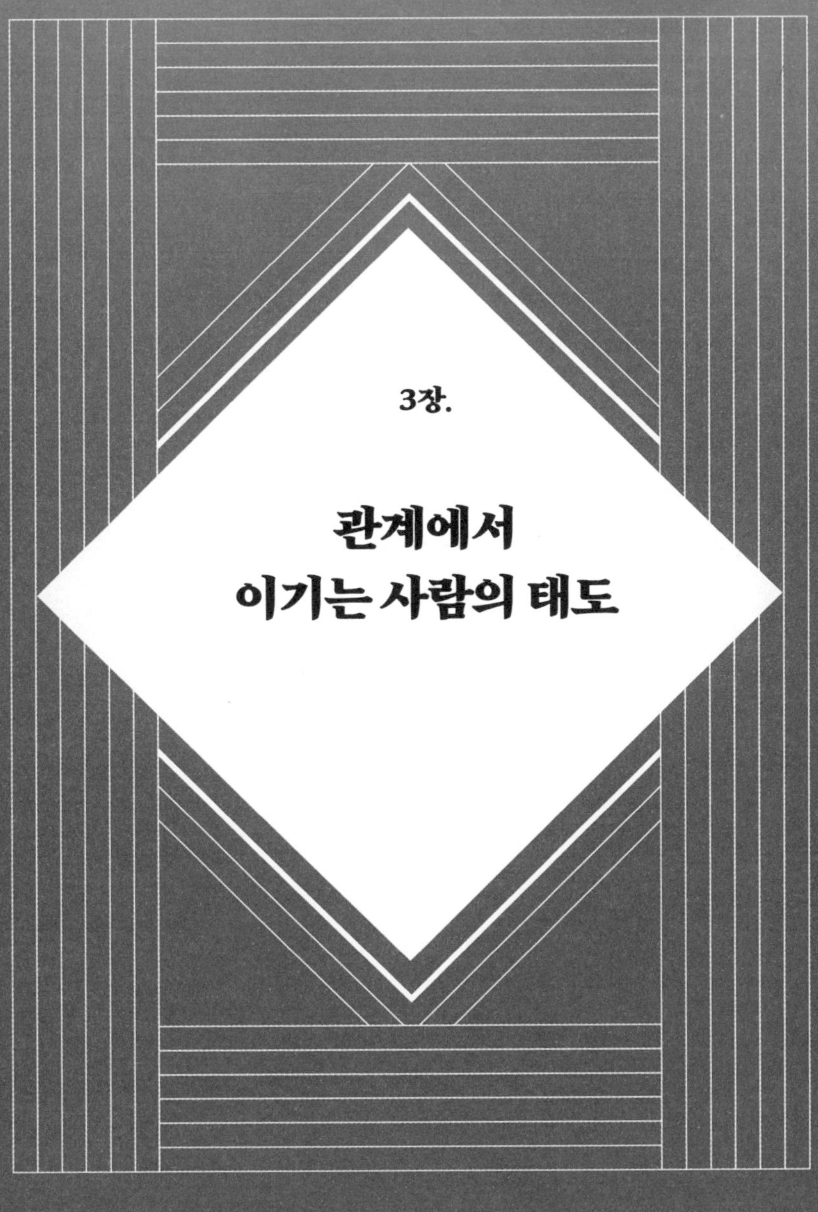

3장.

관계에서
이기는 사람의 태도

모든 관계에는 힘의 균형이 있다

사람들은 관계를 감정으로 설명하려 한다. 좋아서, 믿어서, 오래 알아서 유지된다고 말한다. 물론 감정은 관계의 중요한 요소다. 그러나 손자병법의 시선으로 관계를 바라보면, 그 이면에는 언제나 보이지 않는 균형이 존재한다. 누가 더 많이 배려하는지, 누가 더 쉽게 물러서는지, 누가 관계를 잃는 쪽을 더 두려워하는지에 따라 관계의 무게중심은 달라진다. 이 균형을 보지 못하면 관계는 쉽게 흔들린다.

힘의 균형이라고 해서 반드시 우열을 의미하는 것은 아니다. 여기서 말하는 힘은 물리적인 힘이나 지위가 아니라, 관계를 유지하려는 쪽이 누구인지에 대한 문제다. 더 간절한 사람이 더 많이 맞추게 되고, 더 잃기 싫은 사람이 더 많이 참는다. 이 구조가 고착되면 관계는 자연스럽게 한쪽으로 기울어진다. 손자병법은 이런 불균형이 오래 지속될 수 없다고 보았다.

관계에서 갈등이 반복되는 이유는 대부분 감정의 문제가 아니라 구조의 문제다. 한쪽은 당연하다고 느끼고, 다른 한쪽은 점점 지친다. 처음에는 작은 배려였던 것이 시간이 지나며 의무가 되고, 호의였던 행동이 기대가 된다. 이 변화는 서서히 진행되기 때문에 당사자는 어느 순간까지도 그것을 인식하지 못한다. 그러나 균형이 무너진 관계는 반드시 신호를 보낸다. 말이 거칠어지고, 침묵이 길어지며, 사소한 일에도 감정이 크게 흔들린다.

손자는 전쟁에서 힘의 균형이 무너진 순간을 가장 위험한 상태로 보았다. 한쪽이 지나치게 밀리거나, 반대로 일방적으로 유리하다고 착각하는 순간 판단은 흐려진다. 삶의 관계에서도 마찬가지다. 내가 늘 양보하는 위치에 있다면 언젠가는 감정이 쌓여 폭발한다. 반대로 상대를 항상 통제할 수 있다고 느끼는 쪽은 경계를 풀고 방심하게 된다. 이 두 경우 모두 관계를 망가뜨리는 방향으로 흘러간다.

중요한 것은 균형을 맞추기 위해 힘겨루기를 하라는 뜻이 아니다. 손자병법이 말한 균형은 싸움이 아니라 인식에서 출발한다. 지금 이 관계에서 누가 더 많은 것을 감당하고 있는지, 누가 더 쉽게 포기하지 못하는지, 내가 서 있는 위치는 어디인지 스스로에게 묻는 일이다. 이 질문을 피하는 순간, 우리는 감정에 끌려다니게 된다.

관계에서 힘의 균형을 아는 사람은 불필요한 희생을 하지 않는다. 모든 요구에 응답하지 않고, 모든 갈등에 책임을 지려 하지도 않는다. 이것은 차가움이 아니라 건강한 거리다. 손자는 전쟁에서 무리한 추격을 경계했다. 이길 수 있다고 느낄 때일수록 상대를 몰아붙이면 오히려 역습을 허용하기 때문이다. 관계도 마찬가지다. 지나친 밀착은 오히려 균형을 깨뜨린다.

균형이 맞는 관계는 조용하다. 특별히 애쓰지 않아도 유지되고, 지나친 계산 없이도 숨이 막히지 않는다. 반대로 끊임없이 노력해야만 유지되는 관계는 이미 구조적으로 불안정하다. 이때 필요한 것은 더 잘하려는 의지가 아니라, 관계를 다시 배치하는 용기다. 어디까지가 나의 몫인지, 어디부터는 상대의 영역인지를 분명히 하는 일이다.

이 장에서 말하고 싶은 것은 분명하다. 관계는 감정만으로 유지되지 않는다. 보이지 않는 힘의 균형 위에 서 있다. 이 균형을 인식하는 순간 우리는 불필요한 상처를 줄일 수 있고, 관계에 휘둘리지 않게 된다. 손자병법이 관계를 전장처럼 보았던 이유도 여기에 있다. 싸우기 위해서가 아니라, 무너지지 않기 위해서다. 균형을 아는 사람만이 관계에서 오래 살아남는다.

밀고 당김은 기술이지 계산이 아니다

관계에서 사람들은 종종 밀고 당김을 계산으로 오해한다. 일부러 연락을 늦추고, 관심을 조절하며, 상대의 반응을 시험하는 방식으로 주도권을 잡으려 한다. 그러나 손자병법의 관점에서 이런 계산은 전략이 아니라 조작에 가깝다. 진짜 밀고 당김은 상대를 흔들기 위한 술수가 아니라, 관계의 균형을 유지하기 위한 기술이다.

계산으로 하는 밀고 당김은 쉽게 들킨다. 의도가 읽히는 순간 신뢰는 무너지고, 관계는 긴장으로 바뀐다. 손자는 전쟁에서 의도가 드러나는 움직임을 가장 경계했다. 상대가 다음 수를 예측할 수 있다면, 이미 주도권은 넘어간 것이다. 관계에서도 마찬가지다. 계산된 행동은 상대를 통제하려는 시도로 느껴지고, 그 순간 관계는 자연스러움을 잃는다.

기술로서의 밀고 당김은 다르다. 이는 상대를 조종하기 위한 행동이 아니라, 스스로의 위치를 지키기 위한 선택이다. 너무 가까워질 때는 한 걸음 물러나 숨을 고르고, 거리가 멀어질 때는 필요한 만큼 다가간다. 이 조절은 감정의 진폭을 줄이고, 관계가 한쪽으로 쏠리는 것을 막는다. 손자병법이 말한 전략은 언제나 균형을 향해 있었다.

관계에서 밀기만 하면 상대는 부담을 느끼고, 당기기만 하면 관계는 느슨해진다. 문제는 많은 사람들이 이 균형을 잃은 채 한쪽 방향으로만 움직인다는 데 있다. 불안한 사람은 계속 밀어붙이고, 상처받은 사람은 끝없이 물러난다. 이 반복은 관계를 소모시킨다. 기술이 필요한 지점은 바로 여기다. 언제 멈추고, 언제 움직일지를 아는 감각 말이다.

손자는 전쟁에서 병력을 한 번에 쏟아붓지 않았다. 압박과 이완을 반복하며 상대의 반응을 살폈다. 삶의 관계에서도 이 원리는 그대로 적용된다. 즉각적인 반응을 줄이고, 감정이 격해질 때는 거리를 두며, 상황이 안정되었을 때 다시 연결하는 것. 이것이 계산이 아닌 기술이다.

밀고 당김을 기술로 사용하는 사람은 조급하지 않다. 관계가 당장 원하는 방향으로 움직이지 않아도 전체의 흐름을 본다. 상대의 반응을 억지로 바꾸려 하지 않고, 자신의 태도를 조절한다. 손자병법이 말한 강함은 상대를 움직이는 힘이 아니라, 스스로를 조절하는 능력에서 나온다.

특히 중요한 것은 이 기술이 진정성을 해치지 않는다는 점이다. 계산된 행동은 진심을 가리고, 기술은 진심을 보호한다. 필요한 만큼만 표현하고, 넘치지 않게 조절하는 태도는 오히려 관계를 오래 유지하게 만든다. 상대를 시험하지 않아도, 스스로를 소모시키지 않아도 된다.

이 장의 핵심은 분명하다. 밀고 당김은 머리로 계산하는 것이 아니라, 관계의 균형을 몸으로 느끼는 기술이다. 손자병법은 우리에게 묻는다. 지금 이 관계에서 나는 조작하려 하고 있는가, 아니면 균형을 지키고 있는가. 이 질문에 솔직해질 때, 관계는 훨씬 단단해진다.

지나친 정직은 전략이 아니다

정직은 관계의 기본이라고들 말한다. 솔직해야 신뢰가 생기고, 숨김없이 말해야 오해가 없다고 믿는다. 그러나 손자병법의 시선에서 보면, 정직은 언제나 전략과 함께 놓여야 한다. 말해야 할 진실과 말하지 않아도 될 진실을 구분하지 못하는 순간, 정직은 관계를 지키는 힘이 아니라 관계를 무너뜨리는 도구가 된다.

지나친 정직은 종종 용기로 포장된다. 불편해도 말해야 한다고, 마음에 없는 말을 할 수는 없다고 스스로를 설득한다. 하지만 그 말이 상대를 위한 것인지, 아니면 자신의 감정을 덜어내기 위한 것인지는 구분해야 한다. 손자병법은 감정의 해소를 전략으로 착각하는 태도를 경계했다. 전쟁에서 분노를 그대로 드러내는 장수는 병사보다 먼저 무너진다.

삶의 관계에서도 마찬가지다. 하고 싶은 말을 모두 쏟아내는 순간, 대화는 소통이 아니라 공격으로 변한다. 상대가 받아들일 준비가 되어 있지 않은 진실은 아무리 옳아도 상처로 남는다. 이때 관계가 깨지는 이유는 진실 그 자체가 아니라, 타이밍과 방식이 무시되었기 때문이다. 손자는 이것을 '형세를 보지 못한 말'이라고 표현했다.

정직이 전략이 되려면 조건이 필요하다. 지금 이 말이 관계를 앞으로 보내는지, 아니면 단절로 밀어붙이는지 먼저 살펴야 한다. 진실을 말함으로써 얻는 것과 잃는 것을 냉정하게 비교하는 일은 계산이 아니라 책임이다. 손자병법이 말한 전략은 늘 결과까지 감당하는 선택이었다.

특히 가까운 관계일수록 지나친 정직은 더 위험하다. 친하다는 이유로, 오래 알았다는 이유로 말을 걸러내지 않으면 관계는 쉽게 균열된다. 가까운 사이라고 해서 모든 진실을 감당할 수 있는 것은 아니다. 오히려 거리 조절이 없는 정직은 상대를 방어적으로 만들고, 결국 진짜로 말해야 할 중요한 순간에 귀를 닫게 만든다.

정직을 조절하는 것은 거짓말과 다르다. 말하지 않는다고 해서 속이는 것은 아니다. 때로는 침묵이 가장 솔직한 태도일 수 있다. 손자병법은 싸울 필요가 없는 전투를 피하는 것을 최고의 전략으로 보았다. 관계에서도 마찬가지다. 말하지 않아도 되는 진실은 군이 꺼내 싸움을 만들 필요가 없다.

정직한 사람과 전략적인 사람은 서로 반대에 서 있지 않다. 오히려 전략적인 사람만이 정직을 오래 지킬 수 있다. 모든 순간에 진실을 쏟아내면 관계는 오래 버티지 못한다. 반대로 말의 무게와 타이밍을 아는 사람은 결정적인 순간에 가장 중요한 진실을 전할 수 있다. 손자가 말한 강함은 바로 이 절제에서 나온다.

이 장의 핵심은 분명하다. 정직은 가치이지만, 전략 없이 사용하면 흉기가 된다. 지나친 정직은 상대를 이해시키기보다 밀어내고, 관계를 깊게 하기보다 단절시킨다. 손자병법은 우리에게 이렇게 말한다. 진실을 말하는 용기보다 더 중요한 것은, 언제 어떤 진실을 말할지 아는 지혜라고. 이 지혜가 있을 때, 정직은 비로소 관계를 지키는 힘이 된다.

관계는 이기려 할수록 멀어진다

관계에서 이기고 싶어지는 순간이 있다. 내 말이 맞다는 것을 증명하고 싶고, 상대가 틀렸다는 사실을 인정받고 싶어진다. 논쟁에서 밀리지 않으려 하고, 감정적으로도 우위를 점하고 싶다. 그러나 손자병법의 시선으로 보면, 관계에서의 승리는 전장에서의 승리와 다르다. 이겼다고 느끼는 순간, 관계는 이미 멀어지기 시작한다.

'사람은 지는 관계를 오래 유지하지 못한다.'

사람은 졌다고 느끼는 관계를 오래 유지하지 못한다. 말다툼에서 논리적으로 이겼을지라도, 상대의 감정이 패배했다고 느끼는 순간 그 관계는 균열을 품게 된다. 손자는 전쟁에서 적을 끝까지 몰아붙이면 오히려 반격을 부른다고 경고했다. 관계에서도 마찬가지다. 상대를 완전히 설득하거나 눌러버리려는 태도는, 표면적인 승리 뒤에 깊은 거리감을 남긴다.

관계에서 이기려는 태도는 대부분 불안에서 나온다. 내 위치가 흔들릴까 두렵고, 인정받지 못할까 불안하기 때문에 말에 힘을 싣게 된다. 이때 대화는 교환이 아니라 경쟁이 된다. 누가 더 옳은지, 누가 더 강한지를 가리는 싸움으로 변한다. 그러나 이런 대화가 반복될수록 관계는 점점 숨이 막힌다. 손자병법이 말한 '소모되는 전투'가 바로 이런 상태다.

특히 가까운 관계일수록 이기려는 태도는 더 큰 상처를 남긴다. 가족, 연인, 오래된 동료 사이에서는 말의 내용보다 태도가 먼저 전달된다. 내가 이기고자 하는 마음이 전해지는 순간, 상대는 방어를 시작한다. 방어가 시작되면 대화는 더 이상 닿지 않는다. 이때 아무리 옳은 말을 해도, 관계는 한 발 더 멀어진다.

손자는 싸움의 목적을 분명히 하라고 했다. 싸워야 할 이유가 없다면, 싸우지 않는 것이 가장 현명한 선택이라고 보았다. 관계에서도 마찬가지다. 이 대화의 목적이 관계를 지키는 것인지, 아니면 내가 옳다는 것을 증명하는 것인지 스스로에게 묻지 않으면, 우리는 쉽게 방향을 잃는다. 목적을 잊은 대화는 언제나 관계를 소모시킨다.

관계에서 이기지 않겠다는 선택은 지는 것이 아니다. 오히려 관계를 오래 유지하기 위한 전략이다. 상대를 설득하려 하기보다 이해하려 하고, 맞서기보다 한 발 물러서는 순간 관계의 긴장은 풀린다. 손자병법이 말한 '싸우지 않고 이기는 법'은 여기에서도 그대로 적용된다. 관계를 깨뜨리지 않는 것이 곧 승리다.

물론 모든 상황에서 양보하라는 뜻은 아니다. 중요한 것은 언제 이기려 하고, 언제 내려놓을지를 구분하는 기준이다. 나의 존엄이나 경계를 침해하는 상황까지 참으라는 말은 아니다. 다만 관계를 유지하고 싶다면, 매번 이기려는 태도가 어떤 결과를 낳았는지 돌아볼 필요가 있다.

이 장의 핵심은 분명하다. 관계에서 이기려 할수록 우리는 혼자가 된다. 말다툼에서의 승리는 관계의 패배로 이어지기 쉽다. 손자병법은 우리에게 이렇게 말한다. 진짜 강한 사람은 항상 이기는 사람이 아니라, 관계를 잃지 않는 사람이라고. 이 사실을 이해하는 순간, 우리는 관계를 대하는 태도를 다시 선택할 수 있다.

적을 만들지 않는 것이 최고의 전략

사람들은 종종 강해 보이기 위해 맞선다. 부당함을 참지 않겠다고 말하고, 불리함을 되갚아주려 하며, 얕보이지 않기 위해 날을 세운다. 그러나 손자병법은 전혀 다른 방향을 제시한다. 진짜 강함은 적을 쓰러뜨리는 데서 나오지 않고, 애초에 적을 만들지 않는 데서 나온다는 것이다. 불필요한 적은 가장 비싼 대가를 요구하는 선택이다.

적을 만드는 일은 생각보다 쉽다. 말 한마디, 태도 하나, 승부욕이 드러나는 순간 관계는 금세 대립 구도로 바뀐다. 문제는 적이 되는 순간부터 에너지가 소모되기 시작한다는 데 있다. 신경을 쓰게 되고, 감정을 관리해야 하며, 언제 반격이 올지 경계하게 된다. 손자는 이런 상태를 전투 이전에 이미 패배한 형국으로 보았다. 싸우지 않아도 될 싸움을 스스로 만들어냈기 때문이다.

삶의 관계에서도 적은 반드시 이익을 남기지 않는다. 논리적으로 이겼을지라도, 상대가 적이 되는 순간 우리는 보이지 않는 비용을 치르게 된다. 소문, 분위기, 협조의 부재, 미묘한 방해들이 쌓이며 상황은 점점 불리해진다. 이때 중요한 것은 누가 옳았느냐가 아니다. 왜 그 관계를 적대적인 구조로 만들었느냐는 점이다. 손자병법은 전쟁에서 적의 수를 늘리는 장수를 가장 미숙한 전략가로 평가했다.

적을 만들지 않는다는 것은 무조건 참거나 비위를 맞추라는 뜻이 아니다. 핵심은 대립을 불필요하게 격화시키지 않는 태도다. 자신의 입장은 지키되 상대를 궁지로 몰지 않는 말의 선택, 승부를 내려 하지 않는 대응, 감정을 자극하지 않는 거리 조절이 여기에 포함된다. 손자는 상대에게 물러날 수 있는 출구를 남겨두라고 했다. 출구가 없는 사람은 반드시 반격하기 때문이다.

특히 관계에서 상대를 완전히 이기려는 태도는 적을 만드는 가장 빠른 방법이다. 상대의 체면을 무너뜨리고, 실수를 공개적으로 지적하며, 우위를 과시하는 순간 관계는 곧 전선으로 바뀐다. 그때부터 상대는 더 이상 사람으로 보이지 않고, 넘어야 할 대상으로 인식된다. 손자병법이 말한 '싸움의 확대'는 바로 이 지점에서 시작된다.

적을 만들지 않는 사람은 늘 여지를 남긴다. 단정하지 않고, 몰아붙이지 않으며, 상황을 흑백으로 나누지 않는다. 이 태도는 약함이 아니라 계산된 절제다. 손자는 이런 장수를 가장 오래 살아남는 인물로 보았다. 그는 항상 다음 상황을 대비했고, 불필요한 전선을 만들지 않았다.

적을 만들지 않는 전략은 장기적으로 가장 큰 이익을 남긴다. 협력의 가능성이 열려 있고, 갈등이 생겨도 복구할 여지가 남는다. 무엇보다 감정과 에너지를 불필요한 대립에 쓰지 않아도 된다. 손자병법이 말한 승리는 단기적인 압승이 아니라, 오래 가는 우위였다.

이 장에서 말하고 싶은 것은 분명하다. 적을 만드는 순간, 우리는 스스로 전장을 넓힌다. 반대로 적을 만들지 않겠다는 선택은 삶을 단순하게 만든다. 손자병법은 이렇게 가르친다. 가장 뛰어난 전략가는 싸움에서 이기는 사람이 아니라, 싸움이 필요 없는 환경을 만드는 사람이라고. 이 관점을 가질 때, 관계는 훨씬 가볍고 단단해진다.

말보다 태도가 먼저 읽힌다

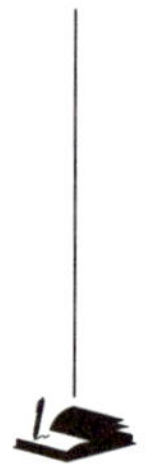

사람들은 관계에서 말이 중요하다고 믿는다. 어떤 표현을 쓰는지, 얼마나 논리적인지, 설득력이 있는지가 소통의 핵심이라고 생각한다. 그러나 실제 관계에서는 말보다 먼저 전달되는 것이 있다. 바로 태도다. 손자병법의 관점에서 보면, 말은 전술에 가깝고 태도는 전략에 가깝다. 말이 바뀌어도 태도가 그대로라면, 상대는 이미 그 말 뒤에 숨은 의도를 읽어낸다.

태도는 말보다 빠르다. 목소리의 높낮이, 시선의 방향, 반응의 속도, 침묵의 길이 속에 이미 마음의 상태가 드러난다. 아무리 부드러운 말을 하더라도 태도에 날이 서 있으면, 상대는 방어부터 시작한다. 반대로 말이 다소 서툴러도 태도가 안정되어 있으면, 관계는 쉽게 흔들리지 않는다. 손자는 전쟁에서 적의 말보다 진형과 움직임을 먼저 보라고 했다. 삶의 관계에서도 이 원리는 그대로 적용된다.

말에 집착하는 사람일수록 관계는 자주 꼬인다. 표현을 고치면 해결될 것이라 믿고, 더 설득력 있는 말을 찾는다. 그러나 문제의 핵심은 말이 아니라 태도에 있을 때가 많다. 상대를 이기려는 마음, 통제하려는 시선, 조급함과 불안은 말보다 먼저 태도로 드러난다. 이 상태에서 아무리 좋은 말을 해도, 상대는 그 말을 내용이 아니라 의도로 받아들인다.

태도는 순간의 선택이 아니라 평소의 축적이다. 잠시 연기할 수는 있어도, 오래 숨길 수는 없다. 상대를 존중하는 태도는 위기 상황에서 더욱 분명해지고, 무시하거나 얕보는 태도 역시 결정적인 순간에 드러난다. 손자병법이 말한 '기세'는 바로 이런 누적된 태도의 결과다. 한 번 형성된 인식은 쉽게 바뀌지 않으며, 말 한두 마디로 뒤집을 수 없다.

관계에서 태도가 중요한 이유는 신뢰와 직결되기 때문이다. 사람은 말의 내용보다 태도를 통해 상대가 안전한지, 위협적인지를 먼저 판단한다. 태도가 공격적이면 대화는 방어로 흐르고, 태도가 불안정하면 관계 전체가 흔들린다. 이때 말은 오히려 과해진다. 손자는 불필요한 움직임이 적에게 신호를 준다고 경고했다. 관계에서도 지나친 설명과 변명은 때로 신뢰를 더 흔든다.

태도를 관리한다는 것은 감정을 숨기라는 뜻이 아니다. 감정을 인식하고, 그 감정이 관계를 해치지 않도록 조절하는 일이다. 불편함을 느낄 수는 있지만 적대적으로 굴지 않고, 단호할 수는 있지만 공격적이지 않은 상태를 유지하는 것. 이것은 기술이 아니라 반복되는 훈련에 가깝다. 손자병법이 말한 강함은 감정을 억누르는 힘이 아니라, 감정을 다룰 줄 아는 능력이었다.

말을 바꾸기 전에 태도를 점검하는 사람은 관계에서 실수를 줄인다. 지금 이 말이 어떤 태도로 전달될지, 상대가 어떤 신호를 먼저 읽을지 한 번 더 살핀다. 이 짧은 점검이 많은 오해를 막는다. 손자는 싸움을 시작하기 전에 항상 형세를 살폈다. 말도 마찬가지다. 던지기 전에, 먼저 태도를 살펴야 한다.

이 장의 핵심은 분명하다. 관계에서는 말보다 태도가 먼저 읽힌다. 태도가 안정되면 말은 줄어들고, 태도가 흔들리면 말은 아무힘도 갖지 못한다. 손자병법은 우리에게 이렇게 말한다. 진짜 전략은 입에서 나오지 않고, 몸과 태도에서 먼저 드러난다고. 이 사실을 아는 순간, 우리는 관계를 대하는 방식을 다시 설계할 수 있다.

사람을 통제하려 하지 마라

관계에서 문제가 생길 때 사람들은 흔히 상대를 바꾸려 한다. 말로 설득하고, 행동을 교정하려 하며, 원하는 방향으로 움직이게 만들고 싶어 한다. 그러나 손자병법은 이런 시도를 가장 비효율적인 전략으로 본다. 사람을 통제하려는 순간, 관계는 협력이 아니라 대립의 구도로 바뀌기 때문이다.

사람은 통제당하고 있다는 느낌을 받는 즉시 방어를 시작한다. 겉으로는 따르는 것처럼 보일 수 있지만, 마음은 이미 멀어져 있다. 손자는 전쟁에서 적을 궁지에 몰아넣지 말라고 했다. 출구가 없는 상태에서는 필사적인 저항이 나오기 때문이다. 관계에서도 마찬가지다. 상대의 선택지를 지워버리는 순간, 우리는 스스로 갈등을 키운다.

통제하려는 태도는 대개 불안에서 비롯된다. 상황을 잃을까 두렵고, 관계가 원하는 방향으로 가지 않을까 걱정되기 때문에 상대를 조정하려 든다. 그러나 이 불안은 통제로 해소되지 않는다. 오히려 상대의 반발과 거리감으로 되돌아온다. 손자병법이 말한 전략은 상대를 억지로 움직이는 힘이 아니라, 상황 전체를 설계하는 능력이었다.

사람을 바꾸려 하기보다, 환경과 조건을 바꾸는 편이 훨씬 효과적이다. 요구를 강요하기보다 선택의 여지를 남기고, 행동을 지시하기보다 구조를 조정하는 것. 손자는 전쟁에서 병사를 몰아붙이기보다, 자연스럽게 움직일 수밖에 없는 형세를 만드는 데 집중했다. 삶의 관계에서도 이 접근은 그대로 유효하다.

통제를 내려놓는다는 것은 무관심해진다는 뜻이 아니다. 오히려 관계를 존중하는 태도에 가깝다. 상대가 스스로 선택할 수 있도록 공간을 남겨두면, 그 선택에 대한 책임도 자연스럽게 상대의 몫이 된다. 이때 관계는 힘겨루기에서 벗어나고, 각자의 역할과 한계가 분명해진다. 손자가 말한 '싸우지 않고 이기는 법'은 바로 이런 구조에서 나온다.

사람을 통제하려 하지 않는 사람은 대신 자신의 경계를 분명히 한다. 상대를 바꾸는 데 에너지를 쓰지 않고, 자신이 무엇을 허용하고 무엇을 허용하지 않을지를 스스로 정한다. 이 기준이 있을 때 관계는 불필요하게 흔들리지 않는다. 손자병법이 강조한 전략의 핵심은 외부를 지배하는 것이 아니라, 내부를 정리하는 일이었다.

관계에서 통제를 내려놓으면 오히려 신뢰가 생긴다. 감시와 지시가 사라질수록, 상대는 자신의 선택에 책임을 지게 된다. 이 책임은 관계를 더 성숙하게 만든다. 반대로 통제가 지속되면 관계는 의존이나 반항으로 기울어진다. 둘 다 오래 갈 수 없는 구조다.

이 장의 핵심은 분명하다. 사람을 통제하려는 순간, 우리는 관계의 전장을 스스로 넓힌다. 반대로 통제를 내려놓고 구조를 바꾸는 선택은 관계를 단순하게 만든다. 손자병법은 우리에게 이렇게 말한다. 사람을 움직이려 애쓰기보다, 사람이 스스로 움직일 수 있는 형세를 만들라고. 이 태도를 가질 때, 관계는 더 이상 싸움이 되지 않는다.

관계를 정리할 줄 아는 용기

사람들은 관계를 유지하는 것을 미덕으로 배운다. 오래 알고 지냈다는 이유로, 함께한 시간이 아깝다는 이유로, 혹은 관계를 끊는 것이 냉정해 보일까 두려워서 불편한 관계를 붙잡는다. 그러나 손자병법의 관점에서 보면, 모든 관계를 끝까지 끌고 가는 태도는 전략이 아니다. 때로는 관계를 정리하는 선택이야말로 가장 큰 손실을 막는 용기다.

관계는 시간이 쌓인다고 자동으로 깊어지지 않는다. 오히려 시간이 흐를수록 구조는 굳어지고, 불균형은 고착된다. 계속해서 나만 더 애쓰고, 설명하고, 양보해야 유지되는 관계라면 이미 전장은 기울어 있다. 손자는 불리한 지형에서 오래 머무는 장수를 가장 위험하다고 보았다. 삶의 관계도 마찬가지다. 나를 소모시키는 관계에 계속 머무는 것은, 패배가 예고된 싸움을 연장하는 일이다.

관계를 정리하지 못하는 이유는 대부분 감정 때문이다. 미안함, 죄책감, 혹은 '내가 너무 예민한 건 아닐까.'라는 자기 의심이 발목을 잡는다. 하지만 손자병법은 감정으로 판단하는 순간 전략은 무너진다고 경고한다. 관계를 유지하는 것이 옳은지, 아니면 정리하는 것이 나를 지키는 선택인지 냉정하게 따져보지 않으면, 우리는 감정의 관성에 끌려다닌다.

관계를 정리한다는 것은 반드시 다투거나 완전히 끊어내는 것을 의미하지 않는다. 물리적인 단절이 아니라, 거리의 재조정일 수도 있다. 이전처럼 깊이 개입하지 않고, 기대를 낮추며, 역할을 줄이는 것만으로도 관계의 무게는 달라진다. 손자가 말한 철수는 패배가 아니라 재배치였다. 관계에서도 이 재배치는 충분히 전략적인 선택이 될 수 있다.

관계를 정리할 줄 아는 사람은 자신의 기준이 분명하다. 무엇을 감당할 수 있고, 무엇을 더 이상 받아들이지 않는지를 알고 있다. 이 기준이 없으면 관계는 계속해서 요구를 늘리고, 우리는 그 요구에 끌려다닌다. 기준을 세우고 한 발 물러서는 순간, 관계의 주도권은 다시 자신에게 돌아온다.

중요한 것은 이 선택이 상대를 벌주기 위한 것이 아니라는 점이다. 관계를 정리하는 이유는 상대가 틀렸기 때문이 아니라, 지금의 구조가 나에게 맞지 않기 때문이다. 손자병법이 말한 전략은 언제나 자신을 살리는 방향에 있었다. 상대를 쓰러뜨리는 데 목적이 있지 않았다.

　관계를 정리한 뒤에 찾아오는 공백은 두려울 수 있다. 그러나 그 공백은 새로운 관계와 에너지가 들어올 수 있는 자리이기도 하다. 불필요한 관계를 줄이지 않으면, 필요한 관계가 들어올 공간은 생기지 않는다. 손자는 전장을 줄여야 승산이 높아진다고 보았다. 삶에서도 마찬가지다. 관계의 전장을 줄이는 순간, 우리는 훨씬 가볍게 움직일 수 있다.

　이 장의 핵심은 분명하다. 관계를 지키는 용기만큼이나, 관계를 정리하는 용기도 필요하다. 모든 관계를 끝까지 끌고 가는 것이 강함은 아니다. 손자병법은 이렇게 말한다. 오래 살아남는 사람은 많은 싸움을 한 사람이 아니라, 싸움을 줄일 줄 아는 사람이라고. 이 지혜를 관계에 적용할 수 있을 때, 우리는 비로소 지지 않는 삶에 가까워진다.

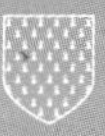

孫子兵法

4장

싸우지 않고 이기는 선택

최고의 승리는 싸우지 않는 것이다

사람들은 승리를 떠올릴 때 맞서 싸우는 장면을 먼저 그린다. 끝까지 버티고, 상대를 꺾고, 마지막에 남는 모습이 승리라고 믿는다. 그러나 손자병법은 이 통념을 단호하게 뒤집는다. 손자가 말한 최고의 승리는 치열한 전투 끝에 얻어지는 것이 아니라, 애초에 싸울 필요가 없도록 만드는 데 있다. 싸우지 않고 얻는 결과야말로 가장 완전한 승리라는 것이다.

싸움에는 언제나 비용이 따른다. 이기든 지든 에너지는 소모되고, 감정은 상하며, 관계와 상황은 이전으로 되돌아가지 않는다. 설령 이겼다 해도 그 승리는 흔적을 남긴다. 손자는 이런 승리를 미완의 승리로 보았다. 상대를 무너뜨렸지만, 그 과정에서 자신도 함께 소모되었기 때문이다. 그래서 그는 싸움의 기술보다, 싸움을 피하는 전략을 더 높은 차원의 지혜로 평가했다.

삶에서도 이 원리는 그대로 적용된다. 많은 갈등은 반드시 해결해야 할 문제처럼 보이지만, 실상은 굳이 맞서지 않아도 되는 경우가 적지 않다. 모든 의견 차이를 설득으로 좁힐 필요는 없고, 모든 부당함에 즉각 대응해야 하는 것도 아니다. 싸우지 않겠다는 선택은 회피가 아니라 선별이다. 어떤 싸움이 나에게 의미가 있는지, 어떤 싸움이 나를 소모시키기만 하는지를 구분하는 능력이다.

손자병법에서 싸우지 않고 이긴다는 것은 상대를 무시하거나 도망치는 일이 아니다. 상황을 유리하게 설계해, 상대가 싸울 이유를 잃게 만드는 것이다. 힘을 과시하지 않고, 감정을 자극하지 않으며, 대립 구도를 만들지 않는다. 그 결과 상대는 충돌 대신 다른 선택을 하게 된다. 이때 승부는 소리 없이 끝난다.

관계에서도 싸우지 않는 선택은 강력하다. 말다툼을 피하고, 감정적 대립을 키우지 않으며, 불필요한 증명을 하지 않는 태도는 관계의 온도를 낮춘다. 상대를 이기려는 순간 관계는 전장이 되지만, 한 발 물러서는 순간 긴장은 풀린다. 손자가 말한 최고의 전략은 상대의 움직임을 바꾸는 것이 아니라, 싸움의 전제 자체를 없애는 것이었다.

싸우지 않는다는 것은 기준이 없다는 뜻이 아니다. 오히려 기준이 분명할수록 싸움은 줄어든다. 무엇을 받아들이고 무엇을 거절

할지 명확하면, 불필요한 설명과 충돌이 사라진다. 손자병법이 말한 강함은 목소리를 높이지 않아도 유지되는 힘이었다. 조용하지만 단단한 태도, 그것이 싸움을 막는다.

일과 선택의 영역에서도 마찬가지다. 경쟁에 무작정 뛰어들기보다, 자신에게 맞는 위치를 찾고, 굳이 비교하지 않아도 되는 방향을 택하는 것. 이 선택은 겉으로는 소극적으로 보일 수 있다. 그러나 장기적으로 보면 가장 많은 에너지를 아끼고, 가장 안정적인 결과를 만든다. 손자는 전쟁을 최소화할수록 나라가 오래 간다고 보았다. 개인의 삶도 다르지 않다.

이 장에서 말하고 싶은 것은 분명하다. 싸우지 않는 것은 패배가 아니라, 가장 높은 수준의 승리다. 불필요한 전장을 만들지 않고, 스스로를 소모시키지 않으며, 조용히 원하는 결과에 이르는 것. 손자병법이 수천 년을 건너 살아남은 이유도 바로 이 지혜 때문이다. 최고의 승리는 언제나 눈에 띄지 않는다. 그러나 가장 오래 남는다.

피할 수 있는 전장은 피하라

사람들은 종종 모든 상황에 맞서야 한다고 믿는다. 물러서면 지는 것 같고, 피하면 약해 보일 것 같다는 생각이 앞선다. 그러나 손자병법은 전장을 선택하는 능력이야말로 가장 중요한 전략이라고 말한다. 싸움의 결과는 전장에 들어선 뒤에 결정되는 것이 아니라, 어떤 전장에 들어가기로 선택했는지에서 이미 갈린다.

피할 수 있는 전장은 대개 명분이 약하다. 감정이 앞서 만들어진 갈등이거나, 남의 시선과 비교에서 비롯된 경쟁이다. 이 전장에 들어서는 순간 우리는 원래의 목적을 잃는다. 왜 싸우는지보다 어떻게 이길지가 중요해지고, 그 과정에서 에너지는 빠르게 소모된다. 손자는 이런 싸움을 가장 값비싼 낭비로 보았다.

전쟁에서 현명한 장수는 불리한 지형을 보면 아예 싸움을 피한다. 병력이 아무리 강해도 지형이 불리하면 승산은 급격히 떨어지기 때문이다. 삶에서도 마찬가지다. 나의 성향, 체력, 감정 상태에 맞지 않는 전장은 처음부터 불리하다. 그곳에서의 노력은 실력으로 축적되기보다, 소모로 끝나기 쉽다.

특히 관계에서는 피할 수 있는 전장을 굳이 선택하는 경우가 많다. 인정받기 위해, 무시당하지 않기 위해, 혹은 체면을 지키기 위해 갈등에 뛰어든다. 그러나 이런 전장은 이겨도 남는 것이 거의 없다. 관계는 어색해지고, 마음은 상하며, 다음 충돌의 씨앗만 남는다. 손자병법은 이런 싸움을 '이겨도 패배에 가까운 전투'로 보았다.

피한다는 것은 회피와 다르다. 회피는 문제를 외면하는 것이고, 전략적 회피는 문제의 무게를 재조정하는 일이다. 지금 해결해야 할 싸움인지, 아니면 굳이 지금 이 방식으로 맞설 필요가 없는지 판단하는 것이다. 손자는 이를 싸움의 우선순위를 정하는 능력이라고 했다.

피할 수 있는 전장을 피하는 사람은 자신의 기준이 분명하다. 무엇이 중요한지, 무엇은 흘려보내도 되는지를 알고 있다. 이 기준이 없으면 우리는 매번 반응하게 되고, 모든 일에 에너지를 쏟게 된다. 결국 정작 지켜야 할 싸움 앞에서는 힘이 남아 있지 않게 된다.

삶의 많은 갈등은 우리가 선택하지 않아도 사라진다. 반응하지 않으면 커지지 않고, 거리를 두면 자연스럽게 식는다. 손자병법이 말한 전략은 바로 이 흐름을 읽는 능력이다. 모든 불씨를 불로 끄려 하지 말고, 산소를 차단하라는 것이다.

이 장의 핵심은 분명하다. 싸움을 잘하는 사람보다, 싸움을 고를 줄 아는 사람이 오래 간다. 피할 수 있는 전장을 피하는 것은 비겁함이 아니라 지혜다. 손자병법은 우리에게 이렇게 말한다. 진짜 강한 사람은 모든 전장에 서는 사람이 아니라, 서지 않아도 되는 전장을 알아보는 사람이라고. 이 선택이 쌓일수록 삶은 훨씬 단순해지고, 단단해진다.

불필요한 경쟁은 인생을 소모시킨다

경쟁은 성장을 만든다고들 말한다. 남보다 앞서기 위해 노력하고, 뒤처지지 않기 위해 스스로를 채찍질하는 과정이 발전을 이끈다고 믿는다. 그러나 손자병법은 모든 경쟁을 긍정하지 않는다. 손자는 목적 없는 경쟁, 이겨도 남는 것이 없는 싸움이야말로 사람을 가장 빠르게 소모시킨다고 보았다.

불필요한 경쟁은 대개 비교에서 시작된다. 누가 더 잘하는지, 누가 더 인정받는지, 누가 더 빨리 가는지를 끊임없이 의식한다. 이 경쟁에는 끝이 없다. 하나를 이기면 또 다른 비교가 생기고, 한 단계를 넘어서면 기준은 다시 올라간다. 손자병법의 관점에서 보면, 이는 상대와 싸우는 것이 아니라 스스로를 끝없는 전장에 세우는 행위다.

전쟁에서 모든 싸움에 응하는 군대는 오래 버티지 못한다. 병력은 분산되고, 보급은 끊기며, 사기는 급격히 떨어진다. 삶에서도 마찬가지다. 모든 경쟁에 반응하는 사람은 늘 긴장 상태에 놓이고, 마음은 쉬지 못한다. 이 상태가 지속되면 성장은커녕 방향 감각부터 잃는다.

특히 불필요한 경쟁의 가장 위험한 점은 목표를 바꿔버린다는 데 있다. 무엇을 이루고 싶은지가 아니라, 누구를 이기고 싶은지가 중심이 된다. 이때 선택은 점점 왜곡된다. 나에게 맞는 길보다 남보다 빨라 보이는 길을 택하고, 만족보다 우위를 기준으로 삼는다. 손자는 이런 전장을 가장 위험하다고 보았다. 싸움의 목적이 흐려졌기 때문이다.

불필요한 경쟁은 관계도 망가뜨린다. 동료는 경쟁자가 되고, 협력은 비교로 바뀐다. 이기기 위해 숨기고, 앞서기 위해 거리를 두는 태도는 결국 신뢰를 무너뜨린다. 손자병법이 말한 강한 군대는 내부에서 싸우지 않는 조직이었다. 삶에서도 마찬가지다. 가장 많은 에너지를 잡아먹는 경쟁은 외부가 아니라, 가까운 관계에서 벌어진다.

경쟁을 완전히 피할 수는 없다. 중요한 것은 경쟁의 기준을 스스로 정하는 일이다. 이 경쟁이 나를 성장시키는지, 아니면 단지 소모시키는지 구분해야 한다. 손자는 싸움의 목적과 이익을 계산하지 않는 전투를 금지했다. 삶에서도 같은 원칙이 적용된다. 얻는 것보다 잃는 것이 크다면, 그 경쟁은 전략적으로 피해야 한다.

불필요한 경쟁을 내려놓는 순간, 삶은 놀랄 만큼 가벼워진다. 비교가 줄어들고, 속도는 안정되며, 선택의 기준은 다시 나에게로 돌아온다. 이때 비로소 진짜 실력이 드러난다. 남을 의식하지 않고 쌓아온 힘은 쉽게 무너지지 않는다. 손자병법이 말한 '지지 않는 삶'은 바로 이런 상태를 가리킨다.

이 장의 핵심은 분명하다. 모든 경쟁에 참여할 필요는 없다. 불필요한 경쟁은 인생의 에너지를 조금씩 갉아먹는다. 손자병법은 우리에게 이렇게 말한다. 이길 가치가 없는 싸움에서 빠져나올 줄 아는 사람이야말로 가장 오래 남는 사람이라고. 이 선택이 쌓일수록 삶은 소모가 아니라 축적의 방향으로 움직이기 시작한다.

침묵이 전략이 되는 순간

　사람들은 침묵을 약함으로 오해한다. 말하지 않으면 밀린 것 같고, 반응하지 않으면 지는 것처럼 느낀다. 그래서 불편한 상황이 오면 설명하려 들고, 오해가 생기면 즉시 해명하려 하며, 공격을 받으면 곧바로 맞서려 한다. 그러나 손자병법은 말보다 침묵의 힘을 더 높게 평가했다. 침묵은 도망이 아니라, 상황을 장악하는 전략이 될 수 있기 때문이다.

　침묵이 전략이 되지 못하는 순간은 단 하나다. 아무 생각 없이 입을 닫을 때다. 그러나 의도를 가진 침묵은 전혀 다르다. 손자는 전쟁에서 함부로 움직이지 말라고 했다. 움직이지 않는다고 해서 패배가 아니라, 상황을 관찰하고 흐름을 읽는 과정일 수 있기 때문이다. 삶에서도 마찬가지다. 말하지 않는 선택은 때로 가장 많은 정보를 얻는 방법이 된다.

갈등 상황에서 침묵은 상대의 속도를 드러낸다. 말이 많아질수록 감정은 먼저 노출되고, 의도는 흐트러진다. 반대로 침묵을 유지하면 상대는 스스로의 말에 드러난다. 무엇을 두려워하는지, 어디를 찌르고 싶은지, 어떤 반응을 기대하는지가 자연스럽게 보인다. 손자병법이 말한 '적을 알라'는 원칙은, 바로 이런 관찰에서 시작된다.

관계에서도 침묵은 강력한 신호다. 즉각 반응하지 않는다는 것은 감정에 끌려가지 않겠다는 선언이기도 하다. 이 침묵은 상대를 무시하는 태도가 아니라, 상황을 정리할 시간을 확보하는 선택이다. 손자는 분노한 상태에서의 판단을 가장 경계했다. 침묵은 감정을 가라앉히고, 판단을 되찾기 위한 가장 단순하면서도 효과적인 방법이다.

말이 많아질수록 우리는 스스로의 입지를 좁힌다. 설명은 변명이 되고, 해명은 방어가 되며, 반복될수록 신뢰는 오히려 약해진다. 반면 침묵은 여지를 남긴다. 아직 모든 카드를 꺼내지 않았다는 신호는 상대를 조심하게 만들고, 상황을 섣불리 단정하지 못하게 한다. 손자병법이 말한 전략은 언제나 여백을 남기는 데 있었다.

침묵은 모든 상황에서 사용해야 할 만능 도구는 아니다. 그러나 불리한 전장에서, 감정이 격해진 순간에, 말이 상황을 더 악화시킬 가능성이 있을 때 침묵은 가장 현명한 선택이 된다. 손자는 싸워야 할 때와 피해야 할 때를 구분하라고 했다. 말 역시 마찬가지다. 지금 말해야 할 때인지, 아니면 침묵해야 할 때인지 판단하는 것 자체가 전략이다.

특히 중요한 선택 앞에서 침묵은 사고의 깊이를 만든다. 즉각적인 반응을 멈추는 순간, 우리는 비로소 상황 전체를 볼 수 있다. 상대의 말에 휘둘리지 않고, 자신의 기준을 다시 세울 수 있다. 이때 침묵은 수동적인 정지가 아니라, 능동적인 정렬이다. 손자병법이 말한 강함은 바로 이 자기 통제에서 나온다.

이 장의 핵심은 분명하다. 침묵은 약자의 선택이 아니라, 전략가의 선택이다. 말하지 않는다고 해서 지는 것이 아니며, 반응하지 않는다고 해서 뒤처지는 것도 아니다. 오히려 불필요한 말을 줄일수록 우리는 전장을 단순하게 만들고, 선택의 주도권을 되찾는다. 손자병법은 우리에게 이렇게 가르친다. 언제 말을 하지 않을지를 아는 사람이, 결국 상황을 지배한다고.

물러남은 패배가 아니다

사람들은 물러나는 순간을 패배로 인식한다. 한 발 뒤로 물러서면 진 것 같고, 양보하면 손해를 본 것처럼 느낀다. 그래서 상황이 불리해져도 끝까지 버티려 하고, 이미 기울어진 싸움에서도 자리를 지키려 한다. 그러나 손자병법은 물러남을 패배로 보지 않는다. 오히려 잘못된 전장에서 빠져나오는 능력을 가장 높은 수준의 전략으로 평가한다.

전쟁에서의 철수는 도망이 아니다. 병력을 보존하고, 다음 국면을 준비하기 위한 재배치다. 손자는 이 구분을 분명히 했다. 싸울 수 없다는 판단이 섰을 때 물러나지 않는 것이야말로 무책임한 고집이라고 보았다. 삶에서도 마찬가지다. 지금의 선택이 나를 소모시키기만 한다면, 그 자리를 지키는 것은 용기가 아니라 집착에 가깝다.

　물러남이 어려운 이유는 대부분 체면 때문이다. 여기까지 왔는데 지금 그만두면 모든 것이 헛수고가 될 것 같고, 남들이 어떻게 볼지 신경이 쓰인다. 그러나 손자병법은 체면보다 생존을 먼저 두었다. 전장을 지키는 목적은 이기기 위해서이지, 서 있는 모습을 유지하기 위해서가 아니다. 삶의 선택에서도 목적이 흐려지는 순간, 우리는 방향을 잃는다.

　관계에서도 물러남은 중요한 전략이다. 갈등이 반복되고, 대화가 소모로만 이어질 때 한 발 물러서는 선택은 관계를 지키는 방법이 될 수 있다. 계속 밀어붙이면 더 큰 상처가 남고, 결국 회복이 어려워진다. 이때의 물러남은 패배가 아니라 속도를 조절하는 판단이다. 손자가 말한 철수는 언제나 다음 기회를 남겨두는 선택이었다.

　일과 경쟁의 영역에서도 마찬가지다. 맞지 않는 역할, 감당할 수 없는 책임, 구조적으로 불리한 위치에서 버티는 것은 오래 갈 수 없다. 물러난다고 해서 능력이 사라지는 것은 아니다. 오히려 불필요한 소모를 줄이고, 자신의 강점을 다시 정렬할 수 있는 기회가 된다. 손자병법이 말한 강함은 언제나 지속 가능성을 기준으로 삼았다.

　물러날 줄 아는 사람은 자신을 정확히 안다. 지금 무엇을 잃고 있는지, 무엇을 반드시 지켜야 하는지를 구분한다. 이 구분이 없는 사람은 모든 것을 걸고 싸우다 한 번에 무너진다. 반대로 물러남을 전략으로 사용하는 사람은 패배를 관리하고, 다시 유리한 위치로 이동한다. 손자는 이런 장수를 가장 신뢰했다.

물러남은 끝이 아니라 전환이다. 방향을 바꾸는 선택이며, 다음 국면을 위한 준비다. 이를 실패로 규정하는 순간, 우리는 같은 자리에서 같은 싸움을 반복하게 된다. 손자병법은 이렇게 말한다. 싸움에서 진짜 패배는 물러나는 것이 아니라, 물러날 줄 모르는 데 있다고.

이 장의 핵심은 분명하다. 물러남은 패배가 아니다. 잘못된 전장에서 빠져나오는 용기이자, 지지 않는 삶을 위한 필수 전략이다. 이 선택을 할 수 있을 때, 우리는 비로소 더 긴 호흡으로 삶을 설계할 수 있다.

상황을 바꾸는 위치 선정

　　사람들은 상황을 바꾸고 싶어질 때 대개 방법부터 찾는다. 더 열심히 하거나, 더 설득하거나, 더 강하게 밀어붙이려 한다. 그러나 손자병법은 전혀 다른 접근을 택한다. 손자는 싸움의 결과를 바꾸는 가장 빠른 방법은 행동을 바꾸는 것이 아니라, 서 있는 위치를 바꾸는 것이라고 보았다. 같은 힘이라도 어디에 서 있느냐에 따라 결과는 전혀 달라진다.

　　전쟁에서 지형은 병력보다 중요하다. 불리한 지형에서는 아무리 강한 군대라도 쉽게 무너지고, 유리한 위치에 서면 적은 힘으로도 상대를 막아낼 수 있다. 손자는 이를 전략의 기본으로 삼았다. 삶에서도 마찬가지다. 지금의 상황이 유난히 힘겹게 느껴진다면, 그 이유는 능력이 부족해서가 아니라 위치가 맞지 않기 때문일 수 있다.

관계에서의 위치 선정은 특히 중요하다. 항상 설명해야 하는 자리, 변명해야 하는 위치, 인정받기 위해 애써야 하는 관계는 구조적으로 불리하다. 그 자리에서는 어떤 말을 해도 힘이 들고, 결과는 반복된다. 반대로 자신의 기준과 역할이 분명한 위치에 서면, 굳이 애쓰지 않아도 존중은 자연스럽게 따라온다. 손자병법이 말한 '형세'란 바로 이런 구조를 가리킨다.

일과 경쟁의 영역에서도 위치는 결과를 좌우한다. 맞지 않는 환경에서 아무리 노력해도 성과는 제한적이고, 에너지는 빠르게 소모된다. 반대로 자신의 강점이 자연스럽게 발휘되는 자리에서는 같은 노력으로도 훨씬 큰 결과를 만든다. 이 차이는 재능의 문제가 아니라 배치의 문제다. 손자는 병사를 잘 배치하는 장수가 가장 큰 승리를 거둔다고 했다.

위치를 바꾼다는 것은 도망이 아니다. 오히려 현실을 정확히 인식했다는 증거다. 지금 서 있는 자리가 나를 성장시키는지, 아니면 소모시키는지 판단하는 것. 이 판단이 없다면, 우리는 같은 문제를 다른 얼굴로 반복해서 겪게 된다. 손자병법이 말한 전략은 문제를 정면으로 부수는 것이 아니라, 문제가 힘을 쓰지 못하는 위치를 찾는 일이었다.

위치 선정은 단번에 이루어지지 않는다. 작은 이동, 작은 조정이 쌓여 큰 변화를 만든다. 관계에서의 거리 조절, 역할의 재정의, 기대치의 조정만으로도 전장은 달라진다. 손자는 이런 작은 움직임을 통해 큰 싸움을 피했다. 삶에서도 마찬가지다. 위치를 조금만 바꿔도, 같은 상황이 전혀 다르게 작동하기 시작한다.

이 장의 핵심은 분명하다. 상황을 바꾸고 싶다면, 먼저 위치를 점검하라. 무엇을 하느냐보다 어디에 서 있느냐가 더 중요하다. 손자병법은 우리에게 이렇게 말한다. 싸움을 잘하는 사람은 힘을 키우는 사람이 아니라, 유리한 자리에 설 줄 아는 사람이라고. 이 관점을 가질 때, 우리는 불필요한 싸움에서 벗어나 훨씬 안정적인 선택을 할 수 있다.

이길 필요 없는 싸움을 구분하라

사람들은 종종 싸움의 가치보다 결과에 집착한다. 이길 수 있는지 없는지를 먼저 따지고, 이길 수 있다면 뛰어들어야 한다고 생각한다. 그러나 손자병법은 전혀 다른 질문을 던진다. 이 싸움이 정말 이길 가치가 있는가. 이 질문을 하지 않는 순간, 우리는 불필요한 전장에 스스로를 밀어 넣는다.

이길 수 있는 싸움이라고 해서 반드시 해야 하는 것은 아니다. 이겨도 남는 것이 없거나, 이긴 뒤 더 큰 소모가 기다리고 있다면 그 싸움은 이미 손해다. 손자는 전쟁에서 승리 후의 상태까지 고려하지 않는 전투를 가장 어리석은 선택으로 보았다. 싸움은 끝나는 순간이 아니라, 그 이후의 흐름까지 포함해 평가해야 한다는 뜻이다.

삶에서도 많은 싸움은 사실 선택의 문제가 아니다. 체면, 자존심, 비교심이 우리를 밀어붙일 뿐이다. 무시당한 것 같아서, 뒤처진 것 같아서, 가만히 있으면 지는 것 같아서 반응한다. 그러나 이런 싸움은 대부분 나를 지키기 위한 싸움이 아니라, 나를 증명하기 위한 싸움이다. 손자병법은 증명을 위해 벌이는 싸움을 가장 값비싼 낭비로 보았다.

특히 관계에서 이길 필요 없는 싸움은 자주 벌어진다. 말의 옳고 그름을 가리기 위한 논쟁, 감정을 이기기 위한 다툼, 상대를 설득해 인정받으려는 시도는 이겨도 관계를 상하게 만든다. 이때의 승리는 상대의 패배 위에 서 있기 때문에, 결국 관계 전체가 약해진다. 이는 손자가 말한 '승리했지만 국력이 약해지는 전쟁'과 다르지 않다.

이길 필요 없는 싸움을 구분할 수 있는 기준은 단순하다. 이 싸움이 끝난 뒤 나는 무엇을 얻게 되는가, 그리고 무엇을 잃게 되는가. 이 질문에 명확한 답이 없다면, 그 싸움은 시작하지 않는 것이 전략이다. 손자는 싸움의 명분과 이익이 분명하지 않으면 병력을 움직이지 않았다. 삶에서도 이 원칙은 그대로 적용된다.

이길 필요 없는 싸움을 피하는 사람은 겉으로 약해 보일 수 있다. 그러나 그는 자신의 에너지를 어디에 써야 하는지 정확히 알고 있다. 모든 싸움에 응답하지 않기 때문에, 정말 중요한 순간에 힘을 쓸 수 있다. 손자병법이 말한 강함은 언제나 선택적이었다. 무작위로 힘을 쓰지 않고, 결정적인 싸움만 남겨두는 태도였다.

싸움을 구분하는 능력은 경험에서 나온다. 몇 번의 소모를 겪고 나서야 우리는 깨닫는다. 이겨도 공허했던 싸움, 끝나고 나서 더 지쳤던 논쟁들이 얼마나 많았는지를. 이 경험을 전략으로 바꿀 수 있을 때, 우리는 같은 실수를 반복하지 않는다. 손자는 실패를 기록하고, 다음 전투에서 같은 전장을 피하라고 했다.

이 장의 핵심은 분명하다. 모든 싸움은 이길 필요가 없다. 이길 가치가 없는 싸움은 시작하지 않는 것이 가장 현명한 승리다. 손자병법은 우리에게 이렇게 말한다. 진짜 전략가는 싸움을 잘하는 사람이 아니라, 싸움을 가려내는 사람이라고. 이 구분이 가능해질 때, 삶은 소모가 아니라 축적의 방향으로 움직이기 시작한다.

5장.

물러날 줄 아는 사람이 오래 간다

후퇴는 패배가 아니라 조정이다

사람들은 뒤로 물러나는 선택을 쉽게 실패로 규정한다. 한 번 시작한 일에서 물러서면 지는 것 같고, 방향을 바꾸면 처음의 판단이 틀렸다는 증거처럼 느껴진다. 그래서 상황이 불리해져도 버티려 하고, 이미 무너지고 있는 자리에서도 끝까지 남아 있으려 한다. 그러나 손자병법은 후퇴를 패배로 보지 않는다. 손자는 후퇴를 전력을 다시 배치하는 조정의 과정으로 이해했다.

전쟁에서의 후퇴는 전열을 가다듬기 위한 전략적 움직임이다. 병력을 보존하고, 지형을 다시 선택하며, 다음 국면을 준비하는 시간이다. 이 판단이 늦어질수록 손실은 커진다. 손자는 싸울 수 없는 상황에서 싸움을 지속하는 장수를 가장 위험한 존재로 보았다. 삶에서도 마찬가지다. 이미 감당할 수 없는 국면에 들어섰다면, 그 자리를 지키는 것은 용기가 아니라 판단 착오다.

후퇴가 어려운 이유는 대부분 감정 때문이다. 여기까지 온 시간이 아깝고, 지금 물러나면 그동안의 노력이 부정당하는 것 같으며, 남들의 시선이 마음에 걸린다. 그러나 손자병법은 감정으로 전략을 세우지 않았다. 그는 항상 다음 국면을 기준으로 판단했다. 과거에 얼마나 투자했는지가 아니라, 앞으로 얼마나 더 잃을 수 있는지가 기준이었다.

삶에서도 이 원칙은 분명하다. 잘못된 방향이라는 신호가 반복해서 나타난다면, 그것을 무시한 채 버티는 것은 상황을 개선하지 않는다. 오히려 손실만 키운다. 관계든 일이든, 구조가 맞지 않다는 사실을 인식했다면 한 발 물러나 조정하는 것이 필요하다. 후퇴는 끝이 아니라, 다시 시작하기 위한 위치 이동이다.

후퇴를 조정으로 받아들이는 사람은 자신을 객관화할 수 있다. 지금의 선택이 나를 살리고 있는지, 아니면 소모시키고 있는지를 냉정하게 본다. 이 시선이 없으면 우리는 '조금만 더'라는 말로 스스로를 전장에 묶어둔다. 손자는 이 '조금만 더'를 가장 위험한 함정으로 보았다. 패배는 대부분 이 지점에서 확정되기 때문이다.

후퇴에는 타이밍이 있다. 너무 늦으면 이미 많은 것을 잃고 나서야 움직이게 되고, 그때의 조정은 효과가 크지 않다. 반대로 적절한 시점의 후퇴는 오히려 선택지를 넓힌다. 에너지가 남아 있고,

판단력이 살아 있으며, 다시 배치할 여지가 있기 때문이다. 손자병법이 말한 전략은 항상 여지를 남기는 데 있었다.

이 장에서 말하고 싶은 것은 분명하다. 후퇴는 패배가 아니다. 잘못된 전장에서 빠져나와, 다시 설계하기 위한 조정이다. 이 선택을 할 수 있을 때, 우리는 무너지지 않는다. 손자병법은 이렇게 말한다. 진짜 패배는 물러나는 것이 아니라, 물러나야 할 순간을 놓치는 데 있다고. 이 지혜를 삶에 적용할 수 있을 때, 우리는 더 오래, 더 단단하게 살아남을 수 있다.

버려야 지킬 수 있다

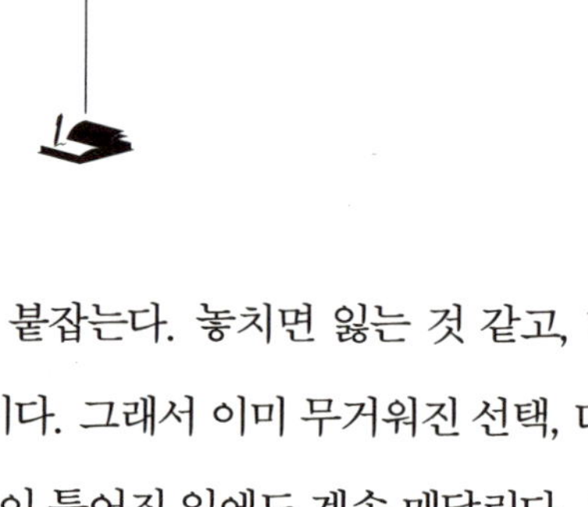

사람들은 지키기 위해 붙잡는다. 놓치면 잃는 것 같고, 버리면 실패처럼 느껴지기 때문이다. 그래서 이미 무거워진 선택, 더 이상 감당되지 않는 관계, 방향이 틀어진 일에도 계속 매달린다. 그러나 손자병법은 정반대의 판단을 내린다. 지키고 싶은 것이 있다면, 먼저 버릴 줄 알아야 한다는 것이다. 모든 것을 쥐고서는 아무것도 지킬 수 없다.

전쟁에서 병력을 분산시키는 장수는 패배를 자초한다. 모든 지역을 지키려다 어느 곳도 지키지 못하는 상황이 벌어진다. 손자는 선택과 집중을 강조했다. 일부를 버려야 핵심을 지킬 수 있고, 후퇴를 감수해야 전체를 살릴 수 있다고 보았다. 삶에서도 이 원리는 그대로 적용된다. 무엇이든 끝까지 가져가려는 태도는 오히려 가장 중요한 것을 위험에 빠뜨린다.

버리지 못하는 이유는 대부분 감정에 있다. 지금까지 들인 노력, 시간, 마음이 아깝고, 포기했다는 평가가 두렵다. 그러나 손자병법은 과거의 투입보다 현재의 형세를 기준으로 판단했다. 이미 들어간 비용은 되돌릴 수 없지만, 앞으로의 손실은 줄일 수 있기 때문이다. 이 판단을 하지 못하면, 우리는 계속해서 더 많은 것을 잃는다.

삶에서 버린다는 것은 무책임해지는 것이 아니다. 오히려 책임의 범위를 명확히 하는 일이다. 모든 요구에 응답하지 않고, 모든 역할을 떠안지 않으며, 모든 기대를 충족시키려 하지 않는 것. 이 선택은 냉정해 보일 수 있지만, 자신을 지키기 위한 최소한의 전략이다. 손자는 감당할 수 없는 전선을 과감히 정리한 장수를 가장 유능하다고 보았다.

특히 관계에서의 '버림'은 중요하다. 나를 소모시키는 방식의 배려, 끝없는 설명, 반복되는 희생은 관계를 지키는 것처럼 보이지만, 실제로는 자신을 무너뜨린다. 이때 버려야 할 것은 사람이 아니라 구조다. 모든 것을 감당해야 한다는 역할, 내가 더 참아야 유지된다는 믿음, 나만 노력하면 달라질 것이라는 기대를 내려놓아야 한다.

일과 선택의 영역에서도 마찬가지다. 이미 방향이 틀어졌다는 신호가 분명한데도 끝까지 밀고 가는 것은 집념이 아니라 위험이다. 일부를 버리면 실패처럼 느껴질 수 있지만, 전부를 잃는 것보다는 훨씬 나은 선택이다. 손자병법은 부분적인 손실을 감수하지 못해 전체를 잃는 판단을 가장 어리석다고 보았다.

버릴 줄 아는 사람은 가볍다. 짊어진 것이 줄어들수록 판단은 명확해지고, 움직임은 빨라진다. 무엇을 지켜야 하는지가 분명해지기 때문이다. 손자가 말한 강함은 많은 것을 가진 상태가 아니라, 불필요한 것을 내려놓은 상태에서 나왔다.

이 장의 핵심은 분명하다. 지키기 위해서는 먼저 버려야 한다. 모든 것을 붙잡는 순간, 우리는 아무것도 제대로 지키지 못한다. 손자병법은 이렇게 가르친다. 전략은 쌓는 기술이 아니라, 비우는 기술이라고. 이 선택을 할 수 있을 때, 우리는 비로소 정말 중요한 것을 지킬 수 있다.

오래 가는 사람의 공통점

사람들은 성공한 사람의 공통점을 찾으려 한다. 재능, 운, 배경, 타이밍을 이야기하며 그 비결을 분석한다. 그러나 손자병법의 관점에서 보면 오래 가는 사람의 공통점은 의외로 단순하다. 그들은 늘 강하지도, 늘 앞서지도 않는다. 대신 무너지지 않는 방식을 알고 있다. 오래 간다는 것은 빠르게 이기는 능력이 아니라, 반복되는 소모를 피하는 능력에 가깝다.

전쟁에서 가장 위험한 장수는 항상 승리를 좇는 인물이다. 매번 이기려 들고, 모든 국면에서 우위를 점하려 한다. 이런 장수는 단기적으로는 성과를 낼 수 있지만, 장기전에서는 반드시 한계를 드러낸다. 손자는 전쟁을 한 번의 결전으로 보지 않았다. 그는 전쟁을 흐름의 연속으로 보았고, 그 흐름을 견디는 힘을 무엇보다 중요하게 여겼다.

삶에서도 오래 가는 사람들은 공통된 태도를 지닌다.

첫째, 자신의 에너지를 관리한다. 언제 힘을 써야 하고 언제 쉬어야 하는지를 알고, 무리한 전투를 피한다.

둘째, 자신의 속도를 유지한다. 남의 속도에 휘둘리지 않고, 비교에 끌려가지 않는다.

셋째, 실패를 관리한다. 한 번의 실수에 모든 것을 걸지 않고, 다시 설계할 여지를 남겨둔다.

이 세 가지가 모이면 삶은 쉽게 무너지지 않는다.

오래 가지 못하는 사람들의 패턴은 정반대다. 항상 최선을 다하려 하고, 모든 요구에 응답하며, 모든 싸움에 참여한다. 겉보기에는 성실하고 강해 보이지만, 그 성실함은 스스로를 소모시키는 방식으로 작동한다. 손자병법은 이런 상태를 가장 위험한 형세로 보았다. 병력은 많아 보이지만, 실제로는 이미 지쳐 있는 군대다.

특히 중요한 것은 '버틸 수 있는 범위'를 아는 태도다. 오래 가는 사람은 자신의 한계를 존중한다. 더 할 수 있어 보여도 멈추고, 조금 손해를 감수하더라도 무너질 지점을 피한다. 이는 포기가 아니라 조절이다. 손자가 말한 전략은 언제나 지속 가능성을 기준으로 삼았다. 한 번의 대승보다, 계속해서 전장을 관리할 수 있는 상태를 더 높이 평가했다.

관계에서도 오래 가는 사람은 무리하지 않는다. 모두와 친해지려 하지 않고, 모든 갈등을 해결하려 들지도 않는다. 감당할 수 없는 관계는 정리하고, 맞지 않는 구조에서는 한 발 물러선다. 이 선택은 냉정해 보일 수 있지만, 결국 자신과 주변을 모두 지킨다. 손자병법이 말한 강함은 타인을 압도하는 힘이 아니라, 스스로를 잃지 않는 힘이었다.

일과 선택의 영역에서도 마찬가지다. 오래 가는 사람은 단기 성과에 집착하지 않는다. 눈앞의 결과보다, 이 선택이 몇 년 뒤에도 유효할지를 묻는다. 이 질문이 있는 선택은 흔들림이 적고, 실패해도 회복이 빠르다. 손자는 승리의 기준을 전투의 결과가 아니라, 전쟁 이후의 상태로 보았다.

이 장에서 말하고 싶은 것은 분명하다. 오래 가는 사람의 공통점은 특별한 능력이 아니라, 소모를 줄이는 태도다. 무리하지 않고, 과신하지 않으며, 필요한 만큼만 힘을 쓰는 선택. 손자병법은 우리에게 이렇게 말한다. 진짜 강한 사람은 항상 앞서 있는 사람이 아니라, 끝까지 남아 있는 사람이라고. 이 관점을 가질 때, 삶은 단기 승부가 아니라 긴 호흡의 전략으로 바뀐다.

손실을 인정하는 용기

사람들은 손실을 인정하는 순간을 두려워한다. 잘못된 선택을 인정하는 것 같고, 지금까지의 노력이 부정당하는 느낌이 들기 때문이다. 그래서 이미 손해가 분명해진 상황에서도 '조금만 더'를 반복하며 버틴다. 그러나 손자병법은 손실을 부정하는 태도를 가장 위험한 판단으로 본다. 손실을 인정하지 못하는 순간, 손실은 통제 불가능한 크기로 커지기 때문이다.

전쟁에서 손실은 피할 수 없다. 문제는 손실 그 자체가 아니라, 그것을 언제 인정하느냐다. 손자는 전투 중 예상보다 큰 피해가 발생했을 때 즉시 판단을 수정하라고 했다. 이미 잃은 병력을 되찾을 수는 없지만, 더 큰 피해는 막을 수 있기 때문이다. 삶에서도 이 원리는 그대로 적용된다. 이미 잘못되었다는 신호가 분명한데도 그

것을 외면하면, 손실은 시간과 감정, 관계까지 잠식한다.

손실을 인정하지 못하는 이유는 대부분 자존심 때문이다. 틀렸다는 말을 하기 싫고, 실패한 사람으로 보이기 싫다. 그러나 손자병법의 관점에서 자존심은 전략이 아니다. 오히려 자존심은 판단을 흐리게 만드는 가장 큰 장애물이다. 손자는 장수가 자신의 판단 오류를 인정하지 못할 때, 그 개인의 문제가 아니라 군 전체가 위험해진다고 보았다.

삶에서도 손실을 인정하는 용기는 방향을 바꾸는 힘으로 이어진다. 잘못된 관계, 맞지 않는 역할, 수익보다 소모가 큰 선택을 멈추는 순간 우리는 비로소 숨을 고를 수 있다. 이때 중요한 것은 왜 이런 손실이 발생했는지를 따져보는 것이지, 자신을 비난하는 것이 아니다. 손자병법이 말한 전략은 언제나 수정 가능성을 전제로 했다.

손실을 인정하는 사람은 현실을 있는 그대로 본다. 이미 잃은 것과 아직 지킬 수 있는 것을 구분한다. 이 구분이 없으면 우리는 계속해서 과거에 발목 잡힌다. "여기까지 왔는데"라는 말은 판단이 아니라 감정이다. 손자는 이 감정에 휘둘리는 장수를 가장 경계했다. 과거의 투입이 아니라, 앞으로의 형세가 판단의 기준이어야 하기 때문이다.

관계에서도 손실을 인정하지 못하면 상처는 반복된다. 이미 존중받지 못하고 있다는 사실을 알면서도 관계를 붙잡고, 나만 더 노력하면 달라질 것이라 믿는다. 그러나 구조가 바뀌지 않는 한 결과는 같다. 이때 손실을 인정하고 거리를 조정하는 선택은 관계를 파괴하는 것이 아니라, 자신을 보호하는 전략이다.

일과 선택의 영역에서도 마찬가지다. 잘못된 방향을 계속 밀고 가는 것은 책임감이 아니라 위험이다. 손실을 인정하는 순간, 우리는 비로소 다음 선택을 할 수 있다. 손자병법이 말한 강함은 한 번도 틀리지 않는 능력이 아니라, 틀렸을 때 빠르게 수정하는 능력이었다.

이 장의 핵심은 분명하다. 손실을 인정하는 것은 패배 선언이 아니다. 더 큰 패배를 막기 위한 용기다. 손자병법은 우리에게 이렇게 말한다. 진짜 패배는 손실이 발생한 순간이 아니라, 그 손실을 인정하지 못하고 계속 밀어붙이는 데서 시작된다고. 이 용기를 가질 수 있을 때, 우리는 무너지지 않고 다음 국면으로 이동할 수 있다.

고집은 전략이 아니다

사람들은 고집을 신념과 혼동한다. 끝까지 버티는 태도, 쉽게 물러서지 않는 자세를 강함으로 착각한다. 그러나 손자병법은 고집을 전략의 반대편에 둔다. 고집은 방향을 지키는 힘이 아니라, 상황의 변화를 보지 못하게 만드는 맹점이기 때문이다. 신념에는 기준이 있지만, 고집에는 점검이 없다.

고집이 위험해지는 순간은 환경이 변했을 때다. 조건이 달라졌는데도 처음의 판단을 끝까지 유지하려 하면, 선택은 점점 불리해진다. 손자는 전쟁에서 같은 전술을 반복하는 장수를 가장 경계했다. 한 번 통했던 방식이 다음에도 통할 것이라는 믿음은, 상대에게 가장 쉬운 대응을 허락한다. 삶에서도 마찬가지다. 변화한 상황 앞에서 고집은 빠르게 소모로 바뀐다.

고집은 종종 책임감의 얼굴을 하고 나타난다. "시작했으니 끝까지 가야 한다.", "여기서 물러나면 무책임해 보인다."는 말로 자신을 설득한다. 그러나 손자병법의 기준에서 책임감은 방향을 고수하는 데 있지 않다. 상황을 읽고 판단을 수정하는 데 있다. 이미 불리해진 싸움을 계속하는 것은 책임이 아니라, 판단 미스의 연장일 뿐이다.

관계에서도 고집은 많은 문제를 만든다. 자신의 입장을 끝까지 관철하려 하거나, 한 번 정한 태도를 바꾸지 않으려 할 때 대화는 막힌다. 이때 고집은 원칙처럼 보이지만, 실제로는 상대의 변화를 고려하지 않는 태도다. 손자는 전쟁에서 상대의 움직임에 맞춰 형세를 바꾸지 못하는 장수를 실패한 전략가로 평가했다. 관계에서도 유연함이 사라지는 순간, 갈등은 깊어진다.

고집과 전략의 차이는 기준의 유무다. 전략에는 언제 바꿀지에 대한 기준이 있다. 어떤 신호가 오면 멈추고, 어떤 조건이 되면 방향을 바꾼다. 반면 고집에는 이런 기준이 없다. 오직 "버텨야 한다"는 감정만 남는다. 이 감정이 판단을 대신하는 순간, 선택은 점점 위험해진다.

일과 선택의 영역에서도 고집은 손실을 키운다. 이미 효과가 없다는 사실을 알면서도 "이번에는 다를 것"이라며 같은 방식을 반복한다. 그러나 손자병법은 반복되는 실패를 전략으로 보지 않았다. 실패의 원인을 분석하지 않고 같은 선택을 이어가는 것은, 스스로 주도권을 내려놓는 일이다. 삶에서도 고집은 상황을 바꾸지 못하고, 자신만 지치게 만든다.

전략적인 사람은 쉽게 방향을 바꾼다. 그가 가볍기 때문이 아니라, 기준이 명확하기 때문이다. 무엇을 지키기 위해 지금의 선택을 하고 있는지 알고 있기 때문에, 그 목적에서 벗어나는 순간 과감히 조정한다. 손자병법이 말한 강함은 바로 이 조정 능력에서 나온다. 고집을 내려놓을 수 있는 용기 말이다.

이 장의 핵심은 분명하다. 고집은 전략이 아니다. 상황을 보지 못하게 만들고, 손실을 키우며, 선택의 폭을 스스로 좁힌다. 반대로 기준 있는 유연함은 삶을 오래 가게 만든다. 손자병법은 우리에게 이렇게 말한다. 끝까지 버티는 사람이 강한 것이 아니라, 바꿔야 할 순간을 알아보는 사람이 진짜 전략가라고. 이 지혜를 받아들일 때, 우리는 불필요한 소모에서 벗어나 더 넓은 선택지를 가질 수 있다.

멈춤이 필요한 시점

사람들은 멈추는 것을 두려워한다. 움직이지 않으면 뒤처질 것 같고, 잠시 쉬면 흐름을 잃을 것 같다는 불안이 앞선다. 그래서 지쳤다는 신호가 분명한데도 속도를 줄이지 않고, 방향이 흔들리는 데도 계속 밀어붙인다. 그러나 손자병법은 멈춤을 실패로 보지 않았다. 오히려 멈추지 못하는 상태를 가장 위험한 형세로 보았다.

전쟁에서 무작정 전진하는 군대는 오래 버티지 못한다. 보급이 따라오지 않고, 병사들의 사기는 떨어지며, 판단력은 흐려진다. 손자는 이런 상황에서 싸움을 멈추고 진형을 정비하라고 했다. 잠시 멈춰 전열을 가다듬지 않으면, 다음 움직임은 더 큰 패배로 이어지기 때문이다. 삶에서도 이 원칙은 그대로 적용된다.

멈춤이 필요한 시점은 대부분 몸과 마음이 먼저 알려준다. 집중이 흐트러지고, 같은 실수를 반복하며, 사소한 일에도 감정이 크게 흔들린다. 이 신호를 무시하고 계속 움직이면, 판단은 점점 거칠어지고 선택은 단순해진다. 손자병법이 말한 패배의 전조는 대개 이런 상태에서 나타난다.

멈춘다는 것은 포기와 다르다. 아무것도 하지 않겠다는 선언이 아니라, 지금의 속도와 방향이 맞는지 점검하는 시간이다. 손자는 전쟁 중에도 자주 멈춰 형세를 살폈다. 상대의 움직임, 자신의 상태, 환경의 변화를 다시 읽기 위해서였다. 삶에서도 이 멈춤이 있어야 우리는 흐름에 끌려가지 않고 선택을 되찾을 수 있다.

특히 관계에서 멈춤은 중요한 전략이다. 갈등이 반복될 때, 감정이 계속 격해질 때, 잠시 거리를 두는 선택은 관계를 지키는 방법이 될 수 있다. 계속 대화를 시도하는 것이 능사가 아니라, 잠시 멈춰 감정을 식히는 것이 필요한 순간도 있다. 손자는 분노가 극에 달한 상태에서의 전투를 가장 경계했다.

일과 선택의 영역에서도 마찬가지다. 성과가 나오지 않을 때 더 세게 밀어붙이는 것은 오히려 방향을 놓치는 경우가 많다. 이럴 때 필요한 것은 더 많은 노력이 아니라 멈춤이다. 지금의 방식이 맞는지, 환경이 바뀐 것은 아닌지, 다른 선택지는 없는지 다시 보는 시간. 손자병법이 말한 전략은 항상 재점검을 전제로 했다.

멈출 줄 아는 사람은 흐름을 잃지 않는다. 오히려 불필요한 소모를 줄이기 때문에, 다시 움직일 때 더 멀리 간다. 멈춤은 에너지를 회복시키고, 판단을 정렬하며, 다음 선택을 선명하게 만든다. 손자가 말한 강함은 쉬지 않는 힘이 아니라, 멈출 줄 아는 절제에서 나왔다.

이 장의 핵심은 분명하다. 멈춤은 후퇴가 아니라 준비다. 계속 움직이는 것보다, 멈춰야 할 순간을 아는 사람이 오래 간다. 손자병법은 우리에게 이렇게 말한다. 싸움에서 진짜 패배는 멈추는 것이 아니라, 멈춰야 할 때를 놓치는 데서 시작된다고. 이 멈춤을 선택할 수 있을 때, 우리는 다시 유리한 위치로 이동할 수 있다.

다시 시작하기 위한 철수

사람들은 철수를 끝으로 생각한다. 한 번 물러나면 다시는 돌아올 수 없을 것 같고, 그동안의 모든 노력이 무의미해질 것처럼 느낀다. 그래서 이미 불리해진 상황에서도 자리를 지키려 하고, 더 이상 감당할 수 없는 전장에서도 버틴다. 그러나 손자병법은 철수를 패배의 선언으로 보지 않았다. 철수는 포기가 아니라, 다시 시작하기 위한 필수 단계다.

전쟁에서의 철수는 질서가 있을 때만 의미를 갖는다. 무너져 도망치는 것이 아니라, 병력을 정리하고 손실을 최소화하며 다음 전장을 선택하는 과정이다. 손자는 이 질서 있는 철수를 전략의 일부로 포함시켰다. 싸움에서 이기는 것만큼이나, 어떻게 빠져나오느냐가 다음 승부를 좌우했기 때문이다. 삶에서도 마찬가지다. 철수는 끝내기 위한 선택이 아니라, 다시 설계하기 위한 이동이다.

철수를 두려워하게 만드는 것은 실패에 대한 낙인이다. 여기서 물러나면 졌다고 평가받을 것 같고, 다시 시작해도 이전만 못할 것이라는 불안이 앞선다. 그러나 손자병법은 이런 시선을 전략의 기준으로 삼지 않았다. 그는 늘 다음 국면을 보았다. 지금의 자리를 지키는 것이 앞으로의 가능성을 넓히는지, 아니면 오히려 닫아버리는지를 기준으로 판단했다.

삶에서도 다시 시작하지 못하게 만드는 것은 상황이 아니라 집착이다. 이미 투자한 시간, 노력, 감정이 아까워서 발을 빼지 못한다. 그러나 손자는 과거의 투입보다 현재의 형세를 보라고 했다. 이미 지나간 것은 전략의 근거가 될 수 없고, 앞으로 남은 여지가 판단의 기준이 되어야 한다. 이 기준이 없으면 우리는 이미 끝난 싸움을 계속 연장하게 된다.

관계에서의 철수 역시 중요하다. 반복되는 갈등, 회복되지 않는 상처, 일방적인 희생이 계속된다면 그 관계는 이미 전장의 역할을 다한 상태일 수 있다. 이때의 철수는 상대를 버리는 선택이 아니라, 자신을 지키는 선택이다. 거리를 조정하고, 기대를 낮추며, 역할을 재설정하는 것만으로도 관계는 전혀 다른 국면으로 들어간다. 손자가 말한 철수는 관계를 끊는 행위가 아니라, 구조를 바꾸는 이동이었다.

일과 선택의 영역에서도 다시 시작하기 위한 철수는 필요하다. 맞지 않는 자리, 성장 가능성이 사라진 구조, 소모만 남은 선택에서 물러나야 새로운 길이 열린다. 이 철수가 없다면 우리는 계속 같은 문제를 반복하게 된다. 손자병법은 전장을 바꾸지 않으면 결과도 바뀌지 않는다고 보았다.

다시 시작할 수 있는 사람의 공통점은 철수를 두려워하지 않는다는 데 있다. 그는 실패를 끝으로 규정하지 않고, 조정의 신호로 받아들인다. 그래서 다음 선택이 빠르고, 회복도 빠르다. 손자가 말한 강함은 쓰러지지 않는 힘이 아니라, 쓰러지기 전에 자리를 옮길 줄 아는 판단력이었다.

이 장의 핵심은 분명하다. 철수는 패배가 아니라, 다음 시작을 위한 준비다. 잘못된 전장에서 벗어나야 새로운 전장을 선택할 수 있다. 손자병법은 우리에게 이렇게 말한다. 끝내는 용기가 없는 사람은 다시 시작할 수도 없다고. 이 철수를 선택할 수 있을 때, 우리는 비로소 삶을 다시 설계할 자유를 얻게 된다.

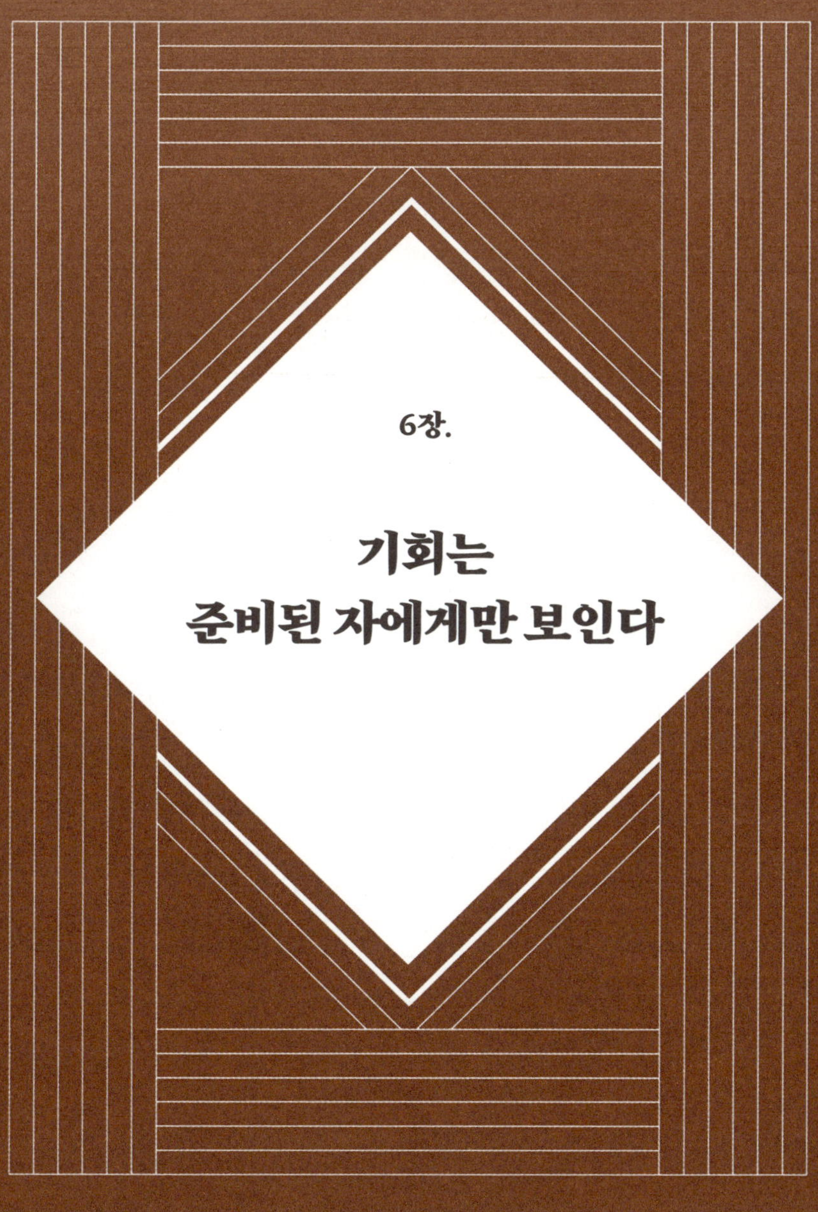
6장.

기회는
준비된 자에게만 보인다

기회는 갑자기 오지 않는다

사람들은 기회를 우연처럼 이야기한다. 준비도 없이 어느 날 갑자기 찾아와 인생을 바꿔주는 행운처럼 여긴다. 그래서 기회를 놓치면 운이 없었다고 말하고, 성공한 사람을 보며 타이밍이 좋았다고 평가한다. 그러나 손자병법은 기회를 그런 식으로 설명하지 않는다. 손자에게 기회란 갑작스러운 선물이 아니라, 오래전부터 만들어진 결과였다.

전쟁에서 기회는 하늘에서 떨어지지 않는다. 상대가 지친 순간, 보급이 흔들리는 시점, 사기가 무너지는 타이밍은 모두 징후를 거쳐 나타난다. 손자는 이 징후를 읽지 못한 장수에게는 어떤 기회도 오지 않는다고 보았다. 준비되지 않은 사람에게 기회는 보이지 않거나, 보이더라도 잡을 수 없기 때문이다.

삶에서도 마찬가지다. 기회는 늘 조용히 접근한다. 눈에 띄는 사건보다 작은 변화의 형태로 나타나고, 대부분은 지나치기 쉬운 신호로 스쳐 간다. 이때 준비된 사람만이 그것을 기회로 인식한다. 같은 상황을 두고도 어떤 사람은 불편함으로 여기고, 어떤 사람은 가능성으로 받아들이는 이유는 바로 여기에서 갈린다.

기회를 기다리는 사람과 기회를 만드는 사람의 차이는 태도에 있다. 전자는 조건이 완벽해지기를 기다리고, 후자는 현재의 위치에서 할 수 있는 준비를 차곡차곡 쌓는다. 손자병법에서 말하는 준비란 거창한 행동이 아니다. 자신의 위치를 점검하고, 감당할 수 있는 범위를 알고, 상황이 바뀌었을 때 즉시 움직일 수 있도록 여지를 남겨두는 것이다.

기회는 준비된 사람에게만 의미를 가진다. 준비되지 않은 상태에서 찾아온 기회는 축복이 아니라 부담이 되거나, 오히려 위기가 된다. 감당할 수 없는 기회를 붙잡으려다 더 큰 손실을 입는 경우도 적지 않다. 손자는 이를 가장 위험한 착각으로 보았다. 기회는 크기보다 타이밍과 준비 상태가 더 중요하기 때문이다.

특히 삶에서는 조급함이 기회를 망친다. 빨리 바꾸고 싶다는 마음, 지금이 아니면 안 된다는 불안은 판단을 흐리게 만든다. 이때 우리는 아직 준비되지 않은 기회를 억지로 붙잡으려 한다. 그러나 손자병법은 조급함을 가장 큰 적으로 보았다. 기회는 서두르는 자에게 오지 않고, 기다릴 줄 아는 자에게 모습을 드러낸다.

기회를 알아보는 능력은 하루아침에 생기지 않는다. 반복된 준비, 상황을 읽는 연습, 실패를 통해 쌓인 감각이 필요하다. 손자는 전쟁에서 승리한 장수는 항상 기회를 만든 뒤에 싸웠다고 했다. 삶에서도 마찬가지다. 기회는 발견되는 것이 아니라, 축적된 선택의 끝에서 비로소 드러난다.

이 장의 핵심은 분명하다. 기회는 갑자기 오지 않는다. 이미 오래전부터 준비된 사람에게, 준비된 모습으로 다가온다. 손자병법은 우리에게 이렇게 말한다. 기회를 기다리지 말고, 기회가 올 자리를 만들어 두라고. 이 태도를 가질 때, 우리는 운에 기대지 않고 삶의 흐름을 스스로 설계할 수 있다.

준비 없는 기회는 독이다

　사람들은 기회가 클수록 좋은 것이라고 믿는다. 한 번에 판을 바꿀 수 있는 제안, 단숨에 상황을 뒤집을 선택이 오면 그것을 붙잡아야 한다고 생각한다. 그러나 손자병법은 이 생각을 위험한 착각으로 본다. 준비되지 않은 상태에서 마주한 기회는 성장의 발판이 아니라, 스스로를 무너뜨리는 독이 될 수 있기 때문이다.

　전쟁에서 갑작스러운 기회는 언제나 양면을 가진다. 적의 빈틈이 보일 때, 형세가 유리해 보일 때 무턱대고 뛰어들면 오히려 역습을 허용한다. 손자는 이 순간을 가장 경계했다. 병력, 보급, 지형, 지휘 체계가 모두 갖춰지지 않았다면, 그 기회는 승부가 아니라 미끼에 가깝다고 보았다. 기회처럼 보이는 것이 실제로는 함정일 수 있기 때문이다.

삶에서도 준비 없는 기회는 비슷한 모습으로 나타난다. 감당할 수 없는 역할, 준비되지 않은 책임, 실력보다 앞서는 기대가 한꺼번에 주어진다. 겉으로는 기회처럼 보이지만, 그 무게를 버텨낼 기반이 없다면 결과는 빠른 소진이나 큰 실패로 이어진다. 이때 문제는 기회 자체가 아니라, 그것을 받아들일 준비가 되어 있지 않았다는 사실이다.

준비 없는 기회가 독이 되는 이유는 선택의 여지를 없애기 때문이다. 기회를 잡는 순간, 우리는 즉각적인 결과를 요구받는다. 배울 시간도, 조정할 여지도 없이 증명해야 하는 위치에 놓인다. 손자병법은 이런 상황을 가장 불리한 형세로 보았다. 여지가 없는 전장은 항상 위험하다.

특히 조급한 사람일수록 준비 없는 기회에 쉽게 끌린다. 지금이 아니면 안 될 것 같고, 놓치면 다시는 오지 않을 것처럼 느껴진다. 그러나 손자는 진짜 기회는 한 번뿐이 아니라고 보았다. 준비된 사람에게 기회는 반복해서 나타나지만, 준비되지 않은 사람에게 기회는 단 한 번의 큰 실패로 남는다.

준비란 완벽함이 아니다. 자신의 한계를 알고, 감당할 수 있는 범위를 파악하며, 문제가 생겼을 때 물러날 수 있는 여지를 남겨두는 것이다. 이 최소한의 준비가 없으면, 어떤 기회도 안전하지 않다. 손자병법이 말한 전략은 언제나 여지를 확보하는 데 있었다. 여지가 없는 승부는 결국 패배로 이어지기 때문이다.

기회를 거절하는 선택 또한 전략이다. 지금은 감당할 수 없다고 판단했다면, 한 발 물러서는 것이 더 현명할 수 있다. 이는 기회를 포기하는 것이 아니라, 더 큰 손실을 피하는 판단이다. 손자는 싸우지 않는 선택을 가장 높은 수준의 승리로 보았다. 기회 앞에서도 이 원칙은 변하지 않는다.

이 장의 핵심은 분명하다. 모든 기회가 축복은 아니다. 준비되지 않은 상태에서의 기회는 성장보다 파괴에 가깝다. 손자병법은 우리에게 이렇게 말한다. 기회가 왔을 때 중요한 것은 잡을 용기가 아니라, 감당할 수 있는지 판단할 지혜라고. 이 지혜가 있을 때, 기회는 독이 아니라 진짜 기회가 된다.

[6장 3]

기회를 선택하는 기준

사람들은 기회가 오면 가장 먼저 묻는다. 잡을 수 있는가, 성공할 수 있는가. 그러나 손자병법의 기준은 다르다. 손자는 기회 앞에서 먼저 따져야 할 것은 가능성이 아니라 기준이라고 보았다. 이 기회가 나를 살리는지, 아니면 나를 소모시키는지. 이 질문을 건너뛴 선택은 대부분 오래 가지 못한다.

기회는 언제나 달콤한 얼굴로 다가온다. 더 빨라질 수 있고, 더 커질 수 있으며, 단번에 상황을 바꿀 수 있을 것처럼 보인다. 그러나 손자병법은 속도를 가장 경계했다. 빠르게 얻는 이익일수록 통제하기 어렵고, 감당할 틈이 없기 때문이다. 기준 없이 잡은 기회는 방향을 잃게 만든다.

기회를 선택하는 첫 번째 기준은 감당 가능성이다. 이 기회가

요구하는 책임과 부담을 내가 감당할 수 있는지, 지금의 체력과 역량으로 버틸 수 있는지를 냉정하게 봐야 한다. 손자는 전쟁에서 병력의 수보다 보급과 유지 능력을 더 중요하게 여겼다. 삶에서도 마찬가지다. 시작이 화려해도 유지하지 못하면, 그 기회는 결국 실패로 끝난다.

두 번째 기준은 지속성이다. 이 선택이 한 번의 성과로 끝나는지, 아니면 이후로 이어질 구조를 만들 수 있는지 따져야 한다. 손자병법이 말한 승리는 단발성이 아니라, 반복 가능한 상태였다. 기회가 지나간 뒤에도 남는 것이 없다면, 그것은 진짜 기회라기보다 일시적인 이벤트에 가깝다.

세 번째 기준은 회복 가능성이다. 만약 이 선택이 잘못되었을 때, 물러날 수 있는 여지가 있는가. 손자는 항상 철수로를 남겨두었다. 퇴로가 없는 싸움은 이겨도 위험하고, 지면 치명적이기 때문이다. 삶에서도 되돌아올 수 없는 선택은 더욱 신중해야 한다. 회복할 수 있는 기회만이 전략이 된다.

많은 사람들은 기회를 잡지 않으면 뒤처질까 두려워한다. 그러나 손자병법은 모든 기회를 붙잡으려는 태도를 가장 위험하다고 보았다. 기준 없는 선택은 방향을 잃게 만들고, 방향을 잃은 노력은 결국 소모로 끝난다. 기회를 거르는 능력은, 기회를 발견하는 능력만큼 중요하다.

기회를 선택하는 기준이 분명한 사람은 조급하지 않다. 당장의 성과보다 전체의 흐름을 보고, 지금이 아니라면 다음을 기다릴 수 있다. 이 기다림은 소극함이 아니라 전략이다. 손자는 준비된 형세가 아니면 아무리 유리해 보여도 움직이지 않았다. 그 인내가 결국 승리를 만들었다.

이 장의 핵심은 분명하다. 기회는 많지만, 선택은 하나다. 모든 기회가 나에게 맞는 것은 아니며, 기준 없는 기회는 독이 된다. 손자병법은 우리에게 이렇게 말한다. 기회를 잡는 사람이 아니라, 기회를 가려내는 사람이 오래 간다고. 이 기준을 가질 때, 우리는 흔들리지 않고 자신의 길을 끝까지 걸어갈 수 있다.

타인의 움직임에서 답을 찾다

사람들은 답을 찾을 때 자기 안으로만 파고든다. 더 고민하고, 더 계산하고, 더 확신을 만들려 한다. 그러나 손자병법은 해답을 내부보다 외부에서 찾는다. 특히 타인의 움직임은 상황의 진짜 방향을 드러내는 가장 정확한 신호라고 보았다. 말보다 행동이 먼저 현실을 말해주기 때문이다.

전쟁에서 적의 의도는 선언이 아니라 움직임에 나타난다. 평화를 말하면서 병력을 이동시키고, 방어를 말하면서 보급로를 정비한다. 손자는 이런 움직임을 읽지 못한 장수는 이미 늦었다고 보았다. 말은 얼마든지 위장될 수 있지만, 움직임은 준비와 계산이 그대로 드러나는 영역이기 때문이다.

삶에서도 마찬가지다. 사람의 진짜 의도는 말이 아니라 행동에서 확인된다. 계속 약속을 미루는 사람, 책임을 회피하는 움직임, 중요한 순간마다 빠져나가는 태도는 이미 답을 보여주고 있다. 그럼에도 우리는 말을 믿고, 기대를 붙들며 상황을 해석하려 든다. 손자병법의 관점에서 보면, 이는 분명한 신호를 외면하는 판단이다.

타인의 움직임을 읽는다는 것은 의심하라는 뜻이 아니다. 경계하라는 말도 아니다. 그보다 관찰하라는 의미에 가깝다. 반복되는 패턴, 일정한 방향성, 결정적인 순간의 선택은 그 사람의 한계를 분명히 보여준다. 손자는 한 번의 행동보다 반복된 움직임을 더 중요하게 보았다. 우연은 한 번이지만, 방향은 계속 유지되기 때문이다.

관계에서 타인의 움직임을 보면 많은 고민이 정리된다. 나를 중요하게 여긴다고 말하면서 행동이 뒤따르지 않는다면, 그 관계의 위치는 이미 정해져 있다. 변하겠다고 말하면서 같은 선택을 반복한다면, 지금의 구조가 유지될 가능성이 크다. 이때 더 설득하거나 설명하는 것은 전략이 아니라 희망에 가깝다.

일과 선택의 영역에서도 타인의 움직임은 중요한 기준이 된다. 조직이 말하는 방향과 실제로 투자하는 곳이 다를 때, 진짜 우선순위는 언제나 후자에 있다. 기회를 제안하는 사람이 책임을 지지 않는 움직임을 보인다면, 그 기회는 다시 점검해야 한다. 손자병법은 상대의 말이 아니라, 자원이 어디에 쓰이는지를 보라고 했다.

타인의 움직임을 읽을 수 있는 사람은 결정을 미루지 않는다. 더 이상 해석에 매달리지 않고, 이미 드러난 신호를 기준으로 선택한다. 이때 중요한 것은 감정이 아니라 구조다. 실망하거나 원망하기보다, 지금의 움직임이 의미하는 바를 받아들이는 태도다. 손자는 이것을 현실을 보는 힘이라고 불렀다.

이 장의 핵심은 분명하다. 답은 이미 움직임 속에 있다. 말이 아니라 행동을 보고, 약속이 아니라 선택을 보라. 손자병법은 우리에게 이렇게 말한다. 전장을 읽는 사람은 소리를 듣지 않고, 움직임을 본다고. 이 시선을 가질 때, 우리는 헛된 기대에 머무르지 않고 더 정확한 판단으로 나아갈 수 있다.

작은 신호를 놓치지 마라

사람들은 큰 사건이 있어야 상황이 바뀐다고 믿는다. 결정적인 한마디, 극적인 변화, 명확한 선언이 있어야 판단할 수 있다고 생각한다. 그러나 손자병법은 정반대로 말한다. 승패를 가르는 것은 대부분 눈에 띄지 않는 작은 신호들이며, 그 신호를 알아보는 순간 이미 결과는 정해져 있다고 보았다.

전쟁에서 패배는 한순간에 일어나지 않는다. 보급이 조금 늦어지고, 병사들의 피로가 누적되며, 지휘가 미묘하게 어긋나는 작은 변화들이 쌓인다. 손자는 이 미세한 흔들림을 놓치지 않았다. 큰 전투가 벌어지기 전, 형세는 이미 작은 균열로 드러난다고 보았기 때문이다. 이 신호를 무시한 장수는 늘 '갑작스러운 패배'를 경험했다.

삶에서도 위기는 갑자기 오지 않는다. 집중이 조금씩 흐트러지고, 선택이 점점 단순해지며, 감정의 회복이 늦어지는 순간들이 반복된다. 처음에는 대수롭지 않게 넘긴다. "잠깐 그런 거겠지.", "요즘만 힘든 거야."라며 스스로를 설득한다. 그러나 이 작은 신호들이 계속된다면, 그것은 이미 방향이 틀어졌다는 경고다.

관계에서도 마찬가지다. 예전보다 답장이 늦어지고, 약속이 가볍게 미뤄지며, 대화에서 설명이 줄어든다. 이런 변화는 사소해 보이지만, 관계의 구조가 달라지고 있다는 신호일 수 있다. 손자병법의 시선으로 보면, 이때 더 붙잡거나 더 설명하는 것은 전략이 아니다. 먼저 이 신호가 무엇을 의미하는지 읽는 것이 중요하다.

일과 선택의 영역에서도 작은 신호는 분명히 나타난다. 같은 문제를 반복해서 겪고, 성과에 비해 소모가 커지며, 회복에 걸리는 시간이 길어진다. 이때 문제는 능력이 아니라 위치나 방식일 가능성이 크다. 손자는 이런 신호를 무시하고 계속 밀어붙이는 장수를 가장 위험하다고 보았다. 이미 형세가 바뀌었기 때문이다.

작은 신호를 놓치는 이유는 대부분 조급함이다. 당장 결과를 보고 싶고, 아직은 괜찮을 거라는 희망에 기대며 신호를 축소 해석한다. 그러나 손자병법은 희망을 전략의 근거로 삼지 않았다. 그는 언제나 지금 나타난 변화가 무엇을 말하는지를 먼저 보았다. 작은 신호를 인정하는 것이 곧 큰 손실을 막는 길이기 때문이다.

작은 신호에 민감한 사람은 빠르게 조정한다. 크게 무너지기 전에 멈추고, 방향을 바꾸며, 구조를 재배치한다. 이 조정은 눈에 띄지 않지만, 결과는 크다. 손자가 말한 강함은 위기를 견디는 힘이 아니라, 위기가 오기 전에 움직이는 감각이었다.

이 장의 핵심은 분명하다. 큰 결정을 기다리기 전에, 이미 신호는 나타난다. 문제는 그 신호를 보느냐, 아니면 외면하느냐다. 손자병법은 우리에게 이렇게 말한다. 전쟁은 큰 북소리로 시작되지 않고, 작은 흔들림 속에서 이미 끝나 있다고. 이 작은 신호를 놓치지 않을 때, 우리는 불필요한 패배를 피하고 훨씬 유리한 선택을 할 수 있다.

때를 기다리는 인내

　사람들은 기다림을 소극적인 태도로 오해한다. 움직이지 않으면 아무 일도 일어나지 않을 것 같고, 가만히 있으면 기회를 놓칠 것처럼 느낀다. 그래서 아직 때가 오지 않았는데도 서둘러 움직이고, 준비되지 않은 선택을 감행한다. 그러나 손자병법에서 기다림은 정체가 아니라 전략이다. 때를 기다릴 줄 아는 인내는, 무작정 움직이는 힘보다 훨씬 강력하다.

　전쟁에서 성급함은 가장 치명적인 약점이다. 아직 형세가 무르익지 않았는데 공격을 시작하면, 이길 수 있는 싸움도 패배로 바뀐다. 손자는 병력이 충분하고 조건이 유리해 보여도, 때가 아니면 움직이지 않았다. 그는 승리를 만드는 것은 힘이 아니라 타이밍이라고 보았다. 타이밍을 놓친 힘은 오히려 스스로를 소모시킨다.

삶에서도 이 원리는 그대로 적용된다. 하고 싶은 말이 있지만 지금 꺼내면 상황이 더 꼬일 때가 있고, 잡고 싶은 기회가 있지만 지금은 감당할 수 없을 때가 있다. 이때 필요한 것은 결단이 아니라 인내다. 손자병법이 말한 인내는 참고 견디는 고통이 아니라, 판단을 잠시 보류할 줄 아는 능력이었다.

때를 기다린다는 것은 아무것도 하지 않는 것이 아니다. 겉으로는 조용해 보여도, 안에서는 준비가 진행된다. 상황을 관찰하고, 작은 변화를 읽으며, 자신의 위치와 조건을 점검한다. 손자는 이 시간을 가장 중요한 단계로 보았다. 싸움은 시작되기 전에 이미 결정된다고 했기 때문이다. 기다림의 시간은 그 결정을 완성하는 과정이다.

많은 사람들은 인내를 실패의 징조로 받아들인다. 빨리 성과가 나오지 않으면 잘못 가고 있다고 생각하고, 조급함에 방향을 틀거나 무리한 선택을 한다. 그러나 손자병법은 조급함을 가장 위험한 적으로 보았다. 아직 열리지 않은 문을 억지로 열려는 태도는, 문이 열릴 가능성 자체를 망가뜨린다.

관계에서도 때를 기다리는 인내는 중요하다. 감정이 격해졌을 때 바로 해결하려 들면 오히려 상처가 깊어진다. 이때 잠시 거리를 두고 상황이 가라앉기를 기다리는 선택은 관계를 지키는 전략이 된다. 손자는 분노가 최고조에 달한 상태의 전투를 가장 피해야 할 싸움으로 분류했다. 인내는 갈등을 키우지 않는 힘이다.

일과 선택의 영역에서도 마찬가지다. 아직 구조가 완성되지 않았는데 결과를 서두르면, 기반이 먼저 흔들린다. 반대로 충분히 기다린 뒤 움직이면, 같은 힘으로도 훨씬 안정적인 결과를 만든다. 손자병법이 말한 승리는 언제나 준비된 타이밍에서 나왔다. 기다림은 그 준비를 완성하는 마지막 요소다.

이 장의 핵심은 분명하다. 때를 기다리는 인내는 약함이 아니라 고도의 전략이다. 움직이지 않는 것이 아니라, 아직 움직이지 않는 것이다. 손자병법은 우리에게 이렇게 말한다. 진짜 강한 사람은 언제 싸워야 하는지를 아는 사람이 아니라, 언제 싸우지 말아야 하는지를 아는 사람이라고. 이 인내를 가질 수 있을 때, 우리는 불필요한 실패를 피하고 가장 유리한 순간에 움직일 수 있다.

준비가 만든 반전

사람들은 반전을 운으로 설명한다. 예상치 못한 순간에 흐름이 바뀌고, 불리하던 상황이 단숨에 뒤집히는 장면을 기적으로 받아들인다. 그러나 손자병법은 반전을 우연으로 보지 않는다. 손자에게 반전은 갑작스럽게 일어나는 사건이 아니라, 오래전부터 준비된 결과였다. 준비가 없었다면 그 반전은 애초에 가능하지 않았다고 보았다.

전쟁에서 형세가 뒤집히는 순간은 언제나 준비된 쪽에서 시작된다. 겉으로는 밀리는 것처럼 보였지만, 보급을 유지하고 병력을 보존하며 기회를 기다린 쪽이 결국 흐름을 장악한다. 손자는 이런 반전을 "기회가 온 것이 아니라, 준비가 완성된 순간"이라고 설명했다. 상대의 실수가 아니라, 자신의 준비가 만든 결과라는 뜻이다.

삶에서도 반전은 같은 방식으로 일어난다. 오랫동안 성과가 없던 사람이 어느 순간 도약하는 경우를 보면, 그 전환점은 하루아침에 만들어지지 않았다. 눈에 띄지 않는 시간 동안 실력을 쌓고, 선택을 정리하며, 불필요한 싸움을 피하고 있었을 뿐이다. 준비가 쌓이지 않았다면, 그 기회는 눈앞을 스쳐 지나갔을 것이다.

준비의 핵심은 기술이나 능력만이 아니다. 자신의 위치를 정확히 아는 것, 감당할 수 있는 범위를 넘지 않는 것, 언제 움직이고 언제 멈춰야 하는지를 아는 판단력이 포함된다. 손자병법이 말한 준비란 항상 구조적인 것이었다. 단단한 구조 위에서만 반전은 실제로 작동한다.

많은 사람들은 상황이 좋아진 뒤에야 준비를 하려 한다. 여유가 생기면, 기회가 보이면, 조건이 맞아떨어지면 그때 움직이겠다고 말한다. 그러나 손자병법은 순서를 거꾸로 보았다. 준비가 먼저이고, 상황의 변화는 그다음이다. 준비되지 않은 사람에게 상황의 변화는 기회가 아니라 위기가 된다.

관계에서도 준비는 반전을 만든다. 감정에 휘둘리지 않고 기준을 세우며, 반복되는 패턴을 인식한 사람은 더 이상 같은 갈등에 끌려가지 않는다. 어느 순간부터 관계의 흐름이 달라지고, 주도권이 자연스럽게 이동한다. 이것은 상대가 변해서가 아니라, 스스로의 준비가 끝났기 때문이다.

일과 선택의 영역에서도 마찬가지다. 불리한 위치에 오래 머물렀다고 해서 실패한 것은 아니다. 그 시간 동안 방향을 점검하고, 강점을 정리하며, 다음 자리를 준비했다면 그 축적은 반드시 작동한다. 손자병법은 "이기기 위해 싸우지 말고, 이길 수 있는 상태를 먼저 만들라."고 했다. 반전은 바로 그 상태에서 일어난다.

중요한 것은 준비의 시간이 보이지 않는다는 점이다. 겉으로는 정체처럼 보이고, 뒤처진 것처럼 느껴질 수 있다. 그러나 손자는 이 시간을 가장 중요한 국면으로 보았다. 싸움이 없는 시간, 움직이지 않는 시간이야말로 형세를 바꾸는 기반이 되기 때문이다.

이 장의 핵심은 분명하다. 반전은 운이 아니라 준비의 결과다. 갑자기 바뀐 것처럼 보이는 흐름 뒤에는, 조용히 쌓아온 선택들이 있다. 손자병법은 우리에게 이렇게 말한다. 반전을 기다리지 말고, 반전이 가능해질 준비를 하라고. 이 준비를 멈추지 않는 한, 삶은 언제든 다시 뒤집힐 수 있다.

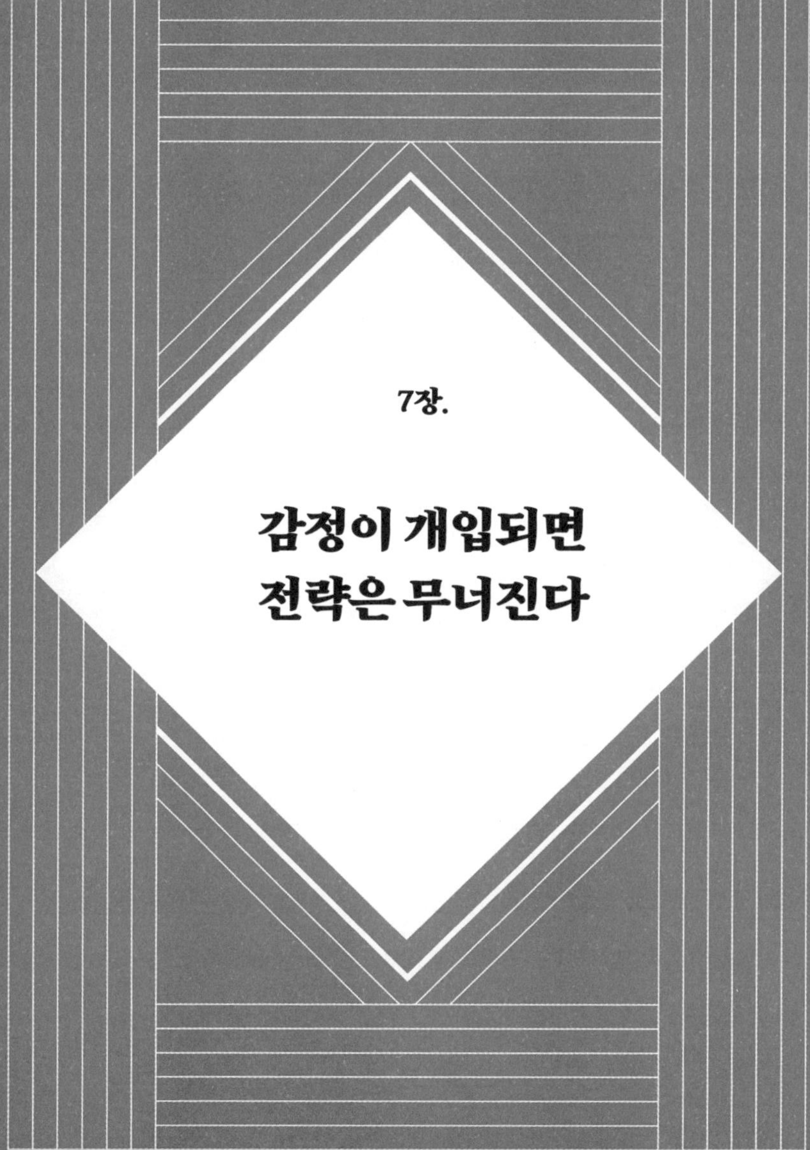
7장.

감정이 개입되면
전략은 무너진다

분노는 가장 위험한 판단이다

사람은 분노한 상태에서도 판단할 수 있다고 믿는다. 오히려 화가 나야 결단력이 생기고, 강하게 밀어붙일 수 있다고 착각한다. 그러나 손자병법은 분노를 가장 위험한 판단의 출발점으로 본다. 분노는 판단을 빠르게 만들 수는 있지만, 결코 정확하게 만들지는 않기 때문이다.

전쟁에서 분노한 장수는 반드시 실수를 저지른다. 모욕을 당했다고 느끼면 즉각 반격하려 하고, 손실이 발생하면 감정적으로 보복하려 든다. 손자는 이런 움직임을 가장 쉽게 읽히는 패턴으로 보았다. 분노는 숨길 수 없고, 예측 가능하며, 상대에게 명확한 틈을 제공한다. 분노한 판단은 이미 주도권을 내려놓은 상태다.

삶에서도 분노는 같은 방식으로 작동한다. 화가 난 순간에 내린 결정은 대부분 단기적인 해소를 목표로 한다. 속은 시원할지 몰라도, 그 선택이 어떤 결과를 남길지는 깊이 고려하지 않는다. 관계에서는 말이 거칠어지고, 일에서는 과한 결정을 내리며, 선택에서는 되돌릴 수 없는 선을 넘는다. 분노는 판단의 속도를 높이는 대신, 시야를 극단적으로 좁힌다.

분노가 위험한 이유는 그것이 옳음의 얼굴을 하고 나타나기 때문이다. '이건 참을 수 없는 일이다.', '지금 말하지 않으면 안 된다.'는 생각이 들면, 우리는 그 판단이 정당하다고 느낀다. 그러나 손자병법은 감정이 강할수록 판단을 보류하라고 가르친다. 감정의 크기와 판단의 정확도는 결코 비례하지 않기 때문이다.

특히 분노는 관계에서 치명적이다. 분노한 말은 상대를 설득하지 않고, 즉시 방어하게 만든다. 이때 우리는 문제를 해결했다고 착각할 수 있지만, 실제로는 갈등의 씨앗을 더 깊게 심는다. 손자는 상대를 궁지로 몰아넣는 전투를 가장 위험한 싸움으로 분류했다. 궁지에 몰린 상대는 합리적으로 반응하지 않기 때문이다.

분노를 느끼지 말라는 뜻은 아니다. 분노는 자연스러운 감정이며, 때로는 중요한 경고 신호다. 문제는 그 감정을 기준으로 판단을 내리는 순간이다. 손자병법이 말한 전략은 감정을 제거하는 것이 아니라, 감정이 판단을 지배하지 못하게 하는 것이었다. 분노를 느꼈다면, 그것을 행동의 이유로 삼아서는 안 된다.

분노한 상태에서 가장 필요한 것은 멈춤이다. 즉각 반응하지 않고, 말을 줄이며, 판단을 잠시 유예하는 것. 손자는 이 짧은 유예가 전투의 결과를 바꾼다고 보았다. 삶에서도 마찬가지다. 분노가 가라앉은 뒤에 내린 판단은, 같은 상황에서도 전혀 다른 결과를 만든다.

이 장의 핵심은 분명하다. 분노는 행동의 신호일 수는 있지만, 판단의 기준이 되어서는 안 된다. 분노한 판단은 빠르지만 위험하고, 차분한 판단은 느리지만 오래 간다. 손자병법은 우리에게 이렇게 말한다. 가장 먼저 다스려야 할 적은 외부가 아니라, 분노한 자기 자신이라고. 이 원칙을 지킬 수 있을 때, 우리는 불필요한 패배를 피할 수 있다.

감정은 정보가 아니다

사람들은 감정을 중요한 근거로 삼는다. 기분이 좋으면 괜찮은 선택처럼 느껴지고, 불안하면 위험하다고 판단한다. "느낌이 안 좋다.", "직감이 그렇다."는 말로 결정을 정당화하기도 한다. 그러나 손자병법의 관점에서 감정은 참고 자료일 수는 있어도, 판단의 근거가 될 수는 없다. 감정은 정보가 아니라, 그 순간의 상태이기 때문이다.

전쟁에서 감정은 항상 왜곡을 만든다. 분노는 적을 과대평가하거나 과소평가하게 만들고, 두려움은 가능성을 필요 이상으로 축소시킨다. 손자는 장수가 자신의 감정 상태를 점검하지 않으면, 이미 전투에 진 것과 다름없다고 보았다. 감정은 상황을 설명하지 않고, 상황을 해석하는 렌즈를 흐리게 만들 뿐이다.

삶에서도 감정은 사실을 말해주지 않는다. 불안하다고 해서 그 선택이 틀린 것은 아니고, 편안하다고 해서 반드시 안전한 것도 아니다. 감정은 '지금 내가 어떤 상태인가.'를 알려줄 뿐, '무엇이 옳은가.'를 알려주지는 않는다. 이 구분이 사라지는 순간, 우리는 감정을 논리처럼 사용하게 된다.

특히 중요한 선택 앞에서 감정은 쉽게 판단을 가장한다. 억울함은 정의로 포장되고, 두려움은 신중함처럼 보이며, 집착은 책임감으로 착각된다. 손자병법은 이런 감정의 변장을 가장 경계했다. 감정이 판단의 자리를 차지하는 순간, 선택은 이미 흔들리고 있기 때문이다.

관계에서 감정을 정보처럼 다루는 순간 오해는 깊어진다. '서운하다.'는 감정이 곧 상대의 잘못으로 해석되고, '불편하다.'는 느낌이 곧 관계의 결론이 된다. 그러나 감정은 관계의 상태를 말해줄 뿐, 상대의 의도나 사실을 증명하지 않는다. 손자는 적의 감정을 추측하지 말고, 움직임을 보라고 했다. 감정은 해석이고, 행동은 증거다.

감정을 배제하라는 말은 아니다. 감정은 중요한 신호다. 다만 그 신호를 해석 없이 곧바로 결론으로 가져가서는 안 된다. '지금 화가 났다.', '지금 불안하다.'는 인식까지는 필요하다. 그러나 그 다음 단계에서 판단은 감정이 아니라 구조와 사실을 기준으로 내려야 한다. 손자병법이 말한 전략은 항상 이 분리를 전제로 했다.

감정을 정보처럼 쓰지 않는 사람은 판단이 느려 보일 수 있다. 바로 반응하지 않고, 한 번 더 확인하며, 감정이 가라앉을 때까지 기다린다. 그러나 이 지연은 약함이 아니라 정확함이다. 손자는 즉각 반응하는 장수보다, 한 박자 늦게 움직이는 장수를 더 신뢰했다. 감정이 빠질수록 판단은 단단해지기 때문이다.

이 장의 핵심은 분명하다. 감정은 판단의 재료가 아니라, 점검의 대상이다. 감정을 사실로 착각하는 순간, 우리는 스스로를 속이게 된다. 손자병법은 우리에게 이렇게 말한다. 감정을 느끼는 것은 인간이지만, 감정으로 판단하는 것은 전략가의 선택이 아니라고. 이 구분을 지킬 수 있을 때, 우리는 감정에 휘둘리지 않고 상황을 지배할 수 있다.

흔들리는 순간을 관리하라

사람은 누구나 흔들린다. 문제는 흔들림이 있다는 사실이 아니라, 그 순간을 어떻게 다루느냐다. 대부분의 실수와 패배는 평소의 능력 부족이 아니라, 흔들리는 순간을 방치했을 때 발생한다. 손자병법은 이 짧은 순간을 가장 중요한 전장으로 보았다. 싸움의 승패는 늘 흔들리는 찰나에 결정되기 때문이다.

흔들리는 순간은 예고 없이 찾아온다. 예상치 못한 말 한마디, 갑작스러운 상황 변화, 자존심을 건드리는 자극 앞에서 우리는 평소와 다른 판단을 내린다. 이때 문제는 상황이 아니라 반응이다. 손자는 장수가 흔들리는 순간에 내린 명령 하나가 전체 전투를 무너뜨릴 수 있다고 경고했다. 감정이 판단을 앞지르는 찰나, 전략은 사라진다.

삶에서도 이 순간은 반복된다. 평소에는 하지 않던 말을 내뱉고, 하지 않던 선택을 감행하며, 평소라면 피했을 싸움에 뛰어든다. 그리고 시간이 지나면 이렇게 말한다. "그때는 내가 아니었다." 그러나 손자병법의 관점에서는 바로 그때가 진짜 자신이 드러난 순간이다. 흔들릴 때의 대응이 곧 전략의 수준이다.

흔들리는 순간을 관리하지 못하면, 우리는 같은 실수를 반복한다. 화가 날 때마다 같은 말을 하고, 불안할 때마다 같은 선택을 하며, 초조해질 때마다 무리한 결정을 내린다. 이 반복은 의지의 문제가 아니라 관리의 부재다. 손자는 병력이 약해서 패배하는 경우보다, 순간을 잘못 관리해서 패배하는 경우가 훨씬 많다고 보았다.

흔들림을 관리하는 첫 단계는 인식이다. 지금 내가 흔들리고 있다는 사실을 알아차리는 것만으로도 판단은 한 박자 늦춰진다. 감정의 파도가 올라오는 순간을 감지하면, 우리는 즉각 반응하지 않고 선택을 유예할 수 있다. 손자병법에서 말하는 멈춤은 바로 이 지점에서 시작된다.

두 번째는 행동의 축소다. 흔들릴 때는 큰 결정을 하지 않고, 말의 양을 줄이며, 판단의 범위를 좁힌다. 손자는 흔들리는 상황에서 병력을 한꺼번에 쏟아붓는 것을 가장 위험한 선택으로 보았다. 삶에서도 마찬가지다. 이 순간에 필요한 것은 더 많은 행동이 아니라, 덜 움직이는 판단이다.

　세 번째는 패턴의 인식이다. 내가 언제 흔들리는지, 어떤 자극 앞에서 판단이 무너지는지를 알고 있으면, 그 순간은 더 이상 기습이 아니다. 손자병법은 적의 기습보다, 대비되지 않은 순간을 더 위험하게 여겼다. 이미 알고 있는 흔들림은 관리할 수 있다.

　관계에서도 흔들리는 순간을 관리하는 사람은 다르다. 감정이 올라와도 즉각 대응하지 않고, 한 템포 늦춰 말한다. 이 작은 차이가 관계를 지키기도 하고, 무너뜨리기도 한다. 손자는 말 한마디가 전장을 바꾼다고 했다. 흔들리는 순간의 말은 언제나 가장 큰 비용을 요구한다.

　일과 선택의 영역에서도 마찬가지다. 압박이 커질수록 단순한 선택으로 도망치고 싶어지지만, 바로 그때가 관리가 필요한 시점이다. 손자병법은 가장 불리해 보이는 순간에 무리한 반전을 시도하지 말라고 했다. 반전은 언제나 준비된 순간에만 가능하기 때문이다.

　이 장의 핵심은 분명하다. 흔들리지 않는 사람은 없다. 그러나 흔들리는 순간을 관리하는 사람은 무너지지 않는다. 손자병법은 우리에게 이렇게 말한다. 싸움에서 가장 중요한 것은 강함이 아니라, 흔들리는 찰나를 넘기는 능력이라고. 이 능력을 갖출 때, 우리는 감정의 파도에 휩쓸리지 않고 방향을 유지할 수 있다.

자존심이 전략을 망친다

사람들은 자존심을 지켜야 한다고 배운다. 쉽게 물러서지 않고, 얕보이지 않으며, 스스로를 낮추지 않는 태도를 강함으로 여긴다. 그러나 손자병법의 관점에서 자존심은 전략이 아니다. 오히려 자존심은 판단을 흐리게 만들고, 필요 없는 싸움을 불러오는 가장 위험한 변수다. 많은 패배는 능력의 부족이 아니라, 자존심을 내려놓지 못한 순간에 시작된다.

전쟁에서 자존심이 강한 장수는 위험하다. 한 번 밀리면 만회하려 무리한 공격을 감행하고, 체면을 지키기 위해 불리한 전장을 고수한다. 손자는 이런 장수를 냉정하지 못한 인물로 보았다. 전장은 체면을 증명하는 자리가 아니라, 결과를 만드는 자리이기 때문이다. 자존심이 개입된 판단은 항상 과잉으로 흐른다.

삶에서도 자존심은 비슷한 방식으로 작동한다. 사과해야 할 순간에 고개를 들고, 물러나야 할 때 한 발 더 나아간다. '여기서 지면 안 된다.'는 생각이 판단을 밀어붙이고, 그 결과 관계는 악화되고 선택지는 줄어든다. 자존심은 순간의 감정을 지켜줄 수는 있어도, 상황을 유리하게 만들지는 못한다.

특히 자존심은 불필요한 경쟁을 만든다. 굳이 비교하지 않아도 될 상황에서 우위를 증명하려 하고, 상대의 말 한마디에 과하게 반응한다. 이때 싸움의 목적은 결과가 아니라 체면이 된다. 손자병법이 말한 최악의 전투는 바로 이런 싸움이다. 이겨도 남는 것이 없고, 져도 손실이 크다.

관계에서 자존심은 가장 큰 장벽이 된다. 먼저 손을 내밀면 지는 것 같고, 사과하면 약해 보일 것 같다는 생각이 관계를 멀어지게 만든다. 그러나 손자는 먼저 물러나는 것을 패배로 보지 않았다. 오히려 상대의 움직임을 제어하는 가장 강력한 선택으로 보았다. 자존심을 내려놓을 수 있는 사람만이 관계의 흐름을 바꿀 수 있다.

자존심이 전략을 망치는 이유는 현실을 보지 못하게 만들기 때문이다. 지금 무엇이 필요한지보다, 내가 어떻게 보일지가 앞선다. 이 순간 판단의 기준은 결과가 아니라 이미지가 된다. 손자병법은 이미지를 위해 싸우는 전투를 가장 어리석다고 보았다. 전쟁은 보여주기 위한 무대가 아니기 때문이다.

자존심을 내려놓는다는 것은 자신을 부정하는 일이 아니다. 오히려 자신을 지키는 선택에 가깝다. 불필요한 싸움에서 빠져나오고, 감당할 수 없는 대립을 줄이며, 에너지를 중요한 곳에 쓰는 일이다. 손자가 말한 강함은 상대를 눌러 이기는 힘이 아니라, 자신을 소모시키지 않는 힘이었다.

자존심이 없는 사람과 자존심에 끌려다니지 않는 사람은 다르다. 후자는 기준이 분명하다. 언제 물러서야 하는지, 언제 굳이 싸울 필요가 없는지를 안다. 이 판단이 가능할 때 전략은 살아남는다. 자존심을 내려놓는 순간, 선택지는 오히려 넓어진다.

이 장의 핵심은 분명하다. 자존심은 지켜야 할 가치가 아니라, 관리해야 할 감정이다. 자존심이 판단의 자리에 앉는 순간 전략은 무너진다. 손자병법은 우리에게 이렇게 말한다. 가장 위험한 적은 상대가 아니라, 체면을 지키려는 자기 자신이라고. 이 사실을 인정할 수 있을 때, 우리는 불필요한 패배에서 벗어나 훨씬 자유로운 선택을 할 수 있다.

감정과 거리 두기

사람들은 감정을 없애야 흔들리지 않는다고 생각한다. 차분해지려고 애쓰고, 마음을 다잡으려 하며, 감정을 누르는 것이 강함이라고 믿는다. 그러나 손자병법의 관점에서 감정은 제거의 대상이 아니다. 감정은 언제나 존재하며, 문제는 그것과 얼마나 거리를 두고 있는가에 달려 있다. 감정과의 거리가 무너지면 판단도 함께 무너진다.

전쟁에서 장수의 감정은 병력만큼이나 중요했다. 분노, 두려움, 조급함이 지휘관의 판단을 흐리면, 그 영향은 즉시 전장 전체로 퍼진다. 손자는 감정에 휘둘리는 장수를 가장 위험한 존재로 보았다. 그가 틀려서가 아니라, 감정과 판단 사이의 거리를 잃었기 때문이다. 감정이 판단의 중심에 들어오는 순간, 전략은 사라진다.

삶에서도 감정과의 거리는 쉽게 무너진다. 억울함이 판단을 밀어붙이고, 불안이 선택을 서두르게 하며, 분노가 말을 앞서게 만든다. 이때 우리는 감정이 말하는 방향이 곧 정답이라고 착각한다. 그러나 감정은 방향을 제시하지 않는다. 다만 지금 내가 흔들리고 있다는 사실만을 알려줄 뿐이다.

감정과 거리 두기의 첫 단계는 분리다. '나는 화가 났다.'와 '그 래서 이렇게 해야 한다.'를 같은 문장으로 묶지 않는 것. 감정을 느끼는 것과 그 감정에 따라 행동하는 것은 전혀 다른 선택이다. 손자 병법이 말한 냉정함은 감정을 느끼지 않는 상태가 아니라, 감정과 행동 사이에 간격을 두는 능력이었다.

이 거리는 작은 습관에서 만들어진다. 즉각 반응하지 않고, 한 번 더 생각하며, 말하기 전에 잠시 멈추는 것. 이 짧은 간격이 감 정이 판단을 장악하는 것을 막는다. 손자는 이 한 박자의 차이가 전 투의 결과를 바꾼다고 보았다. 삶에서도 마찬가지다. 감정과 거리 가 생기는 순간, 선택은 훨씬 안정된다.

관계에서 감정과의 거리는 특히 중요하다. 감정이 가까워질 수록 말은 날카로워지고, 의도는 왜곡된다. 이때 거리를 두는 것은 차갑게 굴겠다는 뜻이 아니다. 오히려 관계를 망치지 않기 위한 최 소한의 방어다. 손자는 가까이서 싸우는 전투일수록 더 큰 손실이 난다고 경고했다. 감정적으로 밀착된 상태에서의 판단은 언제나 과잉으로 흐른다.

일과 선택의 영역에서도 감정과 거리는 결과를 좌우한다. 불안할수록 더 빠른 결정을 내리고 싶어지지만, 바로 그때가 거리가 필요한 시점이다. 손자병법은 불안이 커질수록 판단을 늦추라고 했다. 감정이 클수록 시야는 좁아지고, 작은 선택이 큰 손실로 이어질 수 있기 때문이다.

감정과 거리를 둔다는 것은 도망이 아니다. 감정을 무시하거나 억누르는 것도 아니다. 감정을 한 걸음 떨어진 곳에 두고 바라보는 태도다. 이 시선이 생기면 우리는 더 이상 감정의 중심에 있지 않다. 판단은 다시 제자리로 돌아온다.

이 장의 핵심은 분명하다. 감정은 통제할 수 없지만, 거리는 조절할 수 있다. 감정과 판단 사이에 공간이 생길수록 전략은 살아난다. 손자병법은 우리에게 이렇게 말한다. 감정을 다스리는 힘은 마음을 누르는 데 있지 않고, 마음과 거리를 두는 데 있다고. 이 거리를 유지할 수 있을 때, 우리는 어떤 상황에서도 흔들리지 않는 선택을 할 수 있다.

냉정함은 훈련이다

　사람들은 냉정함을 성격으로 여긴다. 타고난 침착함이 있어야 흔들리지 않고, 감정에 휘둘리지 않는다고 믿는다. 그래서 스스로를 두고 "나는 원래 감정적인 사람이라 어쩔 수 없다."고 말한다. 그러나 손자병법은 냉정함을 기질이 아니라 훈련의 결과로 보았다. 냉정함은 타고나는 것이 아니라, 반복을 통해 만들어지는 능력이다.

　전쟁에서 냉정한 장수는 처음부터 침착한 사람이 아니었다. 그는 수많은 상황을 겪으며, 감정이 판단을 망치는 순간들을 몸으로 배웠다. 분노로 내린 명령이 어떤 결과를 낳는지, 조급함이 얼마나 많은 손실을 만드는지 경험하며 스스로를 조정했다. 손자는 이런 경험의 축적을 훈련으로 보았다. 냉정함은 감정을 느끼지 않는 상태가 아니라, 감정 속에서도 판단을 유지하는 힘이다.

삶에서도 냉정함은 연습 없이는 생기지 않는다. 처음에는 감정이 앞서고, 말이 튀어나오며, 선택이 흔들린다. 그러나 그 순간을 돌아보고, '왜 그때 그렇게 반응했는지'를 점검하는 과정을 반복하면 달라진다. 다음번 비슷한 상황에서 우리는 조금 늦게 반응하고, 조금 덜 말하며, 조금 더 생각하게 된다. 이 '조금'이 쌓여 냉정함이 된다.

냉정함의 훈련은 거창하지 않다. 화가 났을 때 바로 결정하지 않는 것, 불안할 때 즉시 답을 내리지 않는 것, 감정이 격해질수록 행동의 크기를 줄이는 것. 손자병법은 이런 작은 절제를 가장 중요한 전략 훈련으로 보았다. 전투 전의 준비보다, 전투 중의 자기 통제가 더 중요했기 때문이다.

특히 반복되는 상황에서 냉정함은 더 잘 훈련된다. 늘 같은 말에 흔들리고, 같은 유형의 갈등에서 감정이 올라온다면, 그곳이 바로 훈련 지점이다. 손자는 반복되는 전장을 통해 장수가 성장한다고 보았다. 삶에서도 마찬가지다. 같은 상황에서 매번 다른 선택을 할 수 있게 되는 순간, 우리는 이미 훈련의 단계를 넘어선 것이다.

관계에서 냉정함은 차가움과 다르다. 감정을 배제하는 것이 아니라, 감정에 끌려가지 않는 태도다. 상대의 말에 즉각 반응하지 않고, 한 번 더 맥락을 보고, 감정의 온도가 내려간 뒤 말하는 것. 이 반복이 관계의 질을 바꾼다. 손자병법이 말한 강함은 상대를 누르는 힘이 아니라, 상황을 안정시키는 힘이었다.

일과 선택의 영역에서도 냉정함은 훈련의 결과로 나타난다. 압박이 클수록 단순한 해답에 매달리고 싶어지지만, 훈련된 사람은 그럴수록 판단을 늦춘다. 지금 결정해야 하는 것과, 나중에 결정해도 되는 것을 구분한다. 손자는 성급한 결단보다, 늦더라도 정확한 판단을 높이 평가했다.

냉정함을 잃지 않는 사람은 실수가 없는 사람이 아니다. 다만 실수를 키우지 않는 사람이다. 감정이 올라오는 순간을 알아차리고, 그때의 선택을 관리한다. 이 관리가 반복될수록 감정은 여전히 존재하지만, 판단의 자리를 차지하지는 못한다. 손자병법이 말한 전략가는 바로 이런 사람이었다.

이 장의 핵심은 분명하다. 냉정함은 타고나는 자질이 아니라, 훈련으로 만들어지는 능력이다. 한 번에 완성되지 않고, 수많은 흔들림을 지나며 조금씩 쌓인다. 손자병법은 우리에게 이렇게 말한다. 전장에서 가장 강한 무기는 병기가 아니라, 훈련된 마음이라고. 이 훈련을 멈추지 않는 한, 우리는 어떤 상황에서도 판단을 잃지 않을 수 있다.

평정심을 유지하는 기술

사람들은 평정심을 마음의 상태로 생각한다. 흔들리지 않고, 동요하지 않으며, 늘 차분한 상태를 유지하는 것이 평정심이라고 믿는다. 그러나 손자병법의 관점에서 평정심은 감정의 문제가 아니라 기술의 영역이다. 평정심은 유지하려 애쓰는 것이 아니라, 무너지지 않도록 설계하는 것이다.

전쟁에서 평정심을 잃는 순간은 언제나 같다. 예상과 다른 상황이 벌어졌을 때, 계획이 어긋났을 때, 손실이 발생했을 때다. 손자는 이때 감정적으로 대응하는 장수를 가장 위험하다고 보았다. 평정심이 무너지면 판단은 즉시 단기적인 보복과 만회로 기울고, 그 선택은 더 큰 혼란을 부른다. 그래서 그는 평정심을 마음가짐이 아니라 관리 대상이라고 보았다.

삶에서도 평정심은 자연스럽게 유지되지 않는다. 압박이 커지고, 예기치 못한 일이 연속되면 누구나 흔들린다. 중요한 것은 흔들리지 않는 것이 아니라, 흔들린 뒤 어떻게 회복하느냐다. 손자병법이 말한 평정심은 흔들림이 없는 상태가 아니라, 흔들림을 빠르게 수습하는 능력이었다.

평정심을 유지하는 첫 번째 기술은 속도를 늦추는 것이다. 감정이 올라올수록 판단은 빨라지고, 행동은 거칠어진다. 이때 일부러 반 박자 늦추는 선택이 필요하다. 즉시 결론을 내리지 않고, 말을 줄이며, 행동의 크기를 축소하는 것. 손자는 전투에서 성급한 추격을 가장 경계했다. 속도를 낮추는 순간, 평정심은 다시 중심을 찾는다.

두 번째 기술은 범위를 좁히는 것이다. 평정심이 흔들릴 때 사람들은 모든 것을 한 번에 해결하려 든다. 그러나 이때 필요한 것은 전체가 아니라, 지금 당장 통제 가능한 것에 집중하는 태도다. 손자병법은 전장을 세분화해 관리하라고 했다. 삶에서도 마찬가지다. 지금 할 수 있는 한 가지에 집중하면, 감정의 확산은 자연스럽게 멈춘다.

세 번째 기술은 의미를 바꾸는 것이다. 문제가 발생했을 때 그것을 위기나 실패로 규정하면 평정심은 무너진다. 반대로 조정이 필요한 신호, 재배치의 계기로 받아들이면 감정의 온도는 내려간다. 손자는 손실을 곧바로 패배로 해석하지 않았다. 상황의 변화로 받아들이고, 다음 움직임을 설계했다. 해석이 바뀌면 감정도 따라 바뀐다.

관계에서도 평정심은 기술로 유지된다. 상대의 말에 즉각 반응하지 않고, 의도를 단정하지 않으며, 감정이 가라앉을 시간을 확보하는 것. 이 기술이 없으면 관계는 작은 자극에도 쉽게 전장이 된다. 손자병법이 말한 안정은 상대를 이기는 데서 나오지 않고, 상황을 진정시키는 데서 나온다.

일과 선택의 영역에서도 평정심은 반복 훈련의 결과다. 예상과 다른 결과가 나왔을 때, 바로 방향을 바꾸거나 과도한 결정을 내리지 않는다. 대신 상황을 분해하고, 변수 하나씩 점검한다. 손자는 이런 점검 능력을 장수의 가장 중요한 자질로 보았다. 평정심은 결정을 멈추는 힘이 아니라, 결정을 늦출 줄 아는 힘이다.

평정심을 유지하는 사람은 완벽해서가 아니다. 감정이 올라오는 순간을 알고, 그 감정이 판단을 차지하지 못하도록 구조를 만들어 두었기 때문이다. 이 구조는 하루아침에 생기지 않는다. 수많은 흔들림 속에서 조금씩 다듬어진다. 손자병법이 말한 전략가는 바로 이런 준비를 끝낸 사람이었다.

이 장의 핵심은 분명하다. 평정심은 마음의 문제가 아니라 기술이다. 연습할 수 있고, 관리할 수 있으며, 반복으로 강화된다. 손자병법은 우리에게 이렇게 말한다. 가장 치열한 전장에서도 살아남는 힘은 감정이 아니라, 평정을 유지하는 기술이라고. 이 기술을 익힐수록 우리는 어떤 상황에서도 중심을 잃지 않게 된다.

孫子兵法

孫子兵法

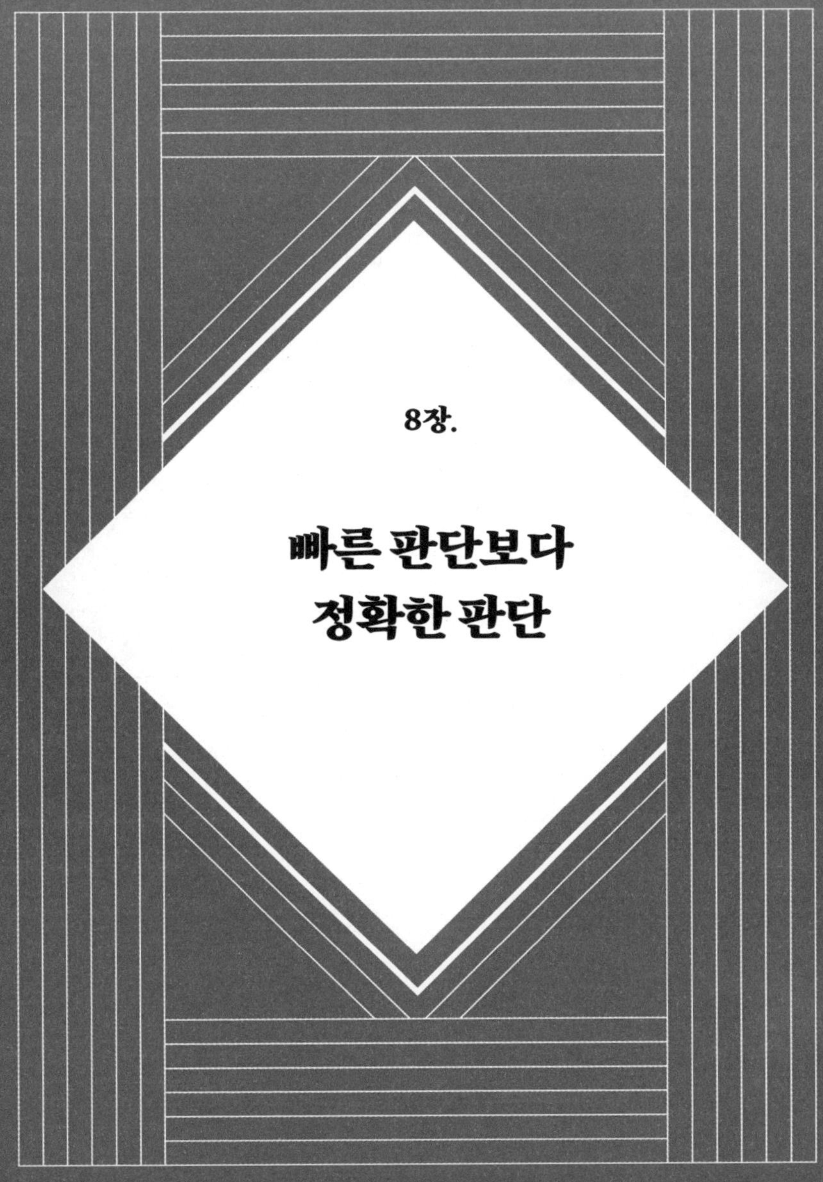
8장.

빠른 판단보다
정확한 판단

속도는 정확성 위에 존재한다

사람들은 빠른 판단을 위험하다고 말한다. 충분히 고민하지 않으면 실수할 수 있고, 서두르면 정확성을 잃는다고 믿는다. 그래서 결정 앞에서 멈추고, 더 많은 정보를 모으고, 완벽한 확신이 들 때까지 기다린다. 그러나 손자병법의 관점에서 보면 문제는 반대다. 정확하지 않은 속도가 아니라, 속도를 잃은 정확성이 더 치명적이다. 전장에서 늦은 정확성은 이미 의미를 잃는다.

전쟁에서 판단은 언제나 불완전하다. 모든 정보가 모일 때까지 기다리면, 이미 상황은 바뀌어 있다. 손자는 이를 분명히 알고 있었다. 그래서 그는 완벽한 판단보다 지금 가능한 가장 정확한 판단을 가장 빠르게 실행하는 것을 전략의 핵심으로 삼았다. 속도는 정확성을 대체하지 않지만, 정확성이 효과를 가지기 위해서는 반드시 속도가 필요하다.

삶에서도 마찬가지다. 많은 선택은 시간이 지나면 의미가 사라진다. 그때는 맞았던 판단이, 늦어지는 순간 틀린 선택이 된다. 기회는 떠나고, 상황은 변하며, 관계의 온도는 달라진다. 이때 문제는 판단의 질이 아니라, 판단이 작동하지 않는 시점에 내려졌다는 점이다. 손자병법이 말한 패배는 대개 이런 지연에서 시작된다.

속도는 성급함과 다르다. 성급함은 생각 없이 움직이는 것이고, 전략적 속도는 필요한 정보만으로 즉시 움직일 줄 아는 능력이다. 손자는 모든 정보를 모으려 하지 않았다. 전장을 읽는 데 필요한 핵심만을 취하고, 나머지는 움직임 속에서 보완했다. 삶에서도 마찬가지다. 모든 변수를 통제하려는 태도는 속도를 늦추고, 결국 기회를 놓치게 만든다.

특히 경쟁과 변화가 빠른 환경에서는 속도의 가치가 더 커진다. 완벽한 준비를 마친 뒤 출발하려는 사람은 늘 출발선에 서 있고, 불완전하더라도 움직인 사람은 이미 한 국면을 통과해 있다. 손자병법이 말한 우위는 처음부터 완벽해서 생기는 것이 아니라, 먼저 움직여 형세를 만든 데서 나온다.

속도를 우선하는 판단은 수정 가능성을 전제로 한다. 한 번에 맞추려 하지 않고, 움직이며 조정한다. 이 유연함이 정확성을 대신한다. 손자는 이를 흐름에 맞춘 전략이라고 보았다. 처음부터 끝까지 맞는 계획은 없지만, 계속해서 수정할 수 있는 속도는 승부를 결정한다.

관계에서도 속도는 중요하다. 오해가 생겼을 때 너무 늦은 해명은 이미 의미를 잃고, 타이밍을 놓친 사과는 상처를 키운다. 완벽한 말을 준비하다가 아무 말도 하지 못하는 사이, 관계는 다른 방향으로 흘러간다. 이때 필요한 것은 완벽한 문장이 아니라, 적절한 타이밍의 반응이다.

물론 속도만 있고 기준이 없다면 위험하다. 그러나 기준이 있는 속도는 가장 강력한 전략이다. 손자병법이 말한 강함은 정확성 하나에 기대지 않는다. 정확성을 작동하게 만드는 속도, 그리고 속도를 지탱하는 기준이 함께 있을 때 전략은 살아 움직인다.

이 장의 핵심은 분명하다. 정확성은 중요하지만, 속도가 없으면 아무 소용이 없다. 속도는 정확성을 무너뜨리는 적이 아니라, 정확성이 힘을 발휘하게 하는 조건이다. 손자병법은 우리에게 이렇게 말한다. 전장에서 이기는 사람은 가장 많이 아는 사람이 아니라, 가장 먼저 움직이는 사람이라고. 이 원칙을 이해할 때, 우리는 망설임에 발목 잡히지 않고 상황을 주도할 수 있다.

서두를수록 실수한다

사람들은 빠르게 움직여야 한다는 말을 자주 듣는다. 기회는 기다려주지 않고, 망설이면 뒤처진다고 배운다. 그래서 조급해지고, 빨리 결론을 내리며, 충분히 살피지 않은 채 행동한다. 그러나 손자병법은 속도와 조급함을 명확히 구분한다. 속도는 전략이지만, 조급함은 실수의 가장 확실한 원인이기 때문이다.

서두른 판단에는 공통점이 있다. 전체를 보지 못하고, 일부만 보고 결정한다. 눈앞의 자극에 반응하고, 가장 쉬운 선택으로 기울며, 불편한 가능성은 의식적으로 배제한다. 손자는 전쟁에서 이런 판단을 가장 위험한 신호로 보았다. 병력이 많아도, 기회가 있어 보여도, 조급함이 개입되는 순간 전장은 통제 불가능해진다.

삶에서도 조급함은 같은 방식으로 작동한다. 빨리 끝내고 싶어서 점검을 생략하고, 불안을 없애기 위해 성급한 결정을 내린다. 이때 선택은 문제를 해결하는 것처럼 보이지만, 실제로는 문제의 형태만 바꾼다. 조급함은 불확실성을 견디지 못하는 마음에서 나오고, 그 마음은 판단을 지나치게 단순화시킨다.

손자병법이 경계한 것은 느림이 아니라 흐름을 무시한 빠름이었다. 상황에는 각자의 속도가 있고, 그 속도를 거스르면 반드시 균열이 생긴다. 준비가 덜 된 상태에서 서두르면, 작은 오류가 연쇄적으로 이어진다. 손자는 이를 '작은 실수가 전장을 무너뜨리는 시작점'이라고 보았다.

특히 조급함은 위험 신호를 보지 못하게 만든다. 원래라면 멈췄을 선택을 밀어붙이고, 평소라면 의심했을 상황을 그대로 받아들인다. 이때 실수는 우연처럼 보이지만, 실제로는 조급함이 만든 결과다. 손자병법의 관점에서 실수는 갑자기 생기지 않는다. 이미 서두르는 순간에 결정되어 있다.

관계에서도 조급함은 많은 문제를 만든다. 빨리 결론을 내리고 싶어서 말을 앞세우고, 감정을 정리하지 않은 채 대응한다. 그 결과 오해는 커지고, 관계는 경직된다. 손자는 감정이 앞서는 판단을 가장 피해야 할 상황으로 보았다. 조급한 반응은 상대에게도 같은 속도의 반격을 불러오기 때문이다.

일과 선택의 영역에서도 마찬가지다. 성과를 빨리 내고 싶다는 마음은 기준을 흐린다. 충분히 검토하지 않은 제안에 응하고, 구조가 완성되지 않은 상태에서 확장한다. 손자병법은 이런 선택을 '이길 수 있는 싸움을 지는 방식'이라고 표현했다. 서두름은 스스로 유리한 조건을 포기하는 행위이기 때문이다.

속도와 조급함의 차이는 멈춤의 유무다. 전략적 속도에는 반드시 짧은 멈춤이 있다. 상황을 읽고, 위험을 확인하며, 기준을 점검한 뒤 움직인다. 반면 조급함에는 멈춤이 없다. 불안을 없애기 위해 바로 행동한다. 손자는 이 짧은 멈춤이 승패를 가른다고 보았다.

이 장의 핵심은 분명하다. 빨리 움직이는 것과 서두르는 것은 전혀 다르다. 서두를수록 실수는 늘어나고, 실수는 한 번에 끝나지 않는다. 손자병법은 우리에게 이렇게 말한다. 가장 위험한 속도는 빠름이 아니라, 불안을 이기기 위한 빠름이라고. 이 차이를 구분할 수 있을 때, 우리는 속도를 유지하면서도 실수를 최소화할 수 있다.

멈추고 다시 보는 힘

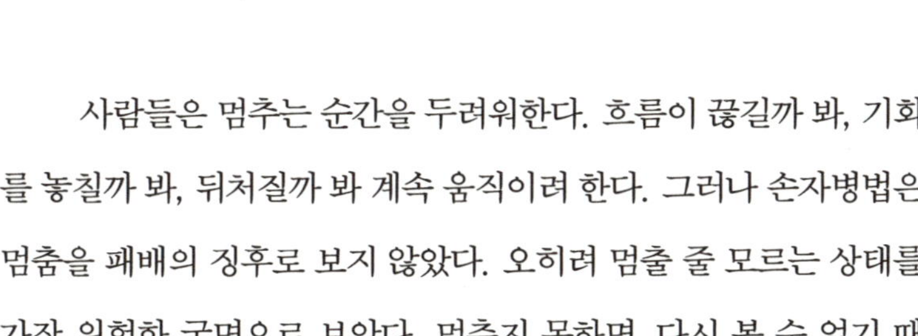

사람들은 멈추는 순간을 두려워한다. 흐름이 끊길까 봐, 기회를 놓칠까 봐, 뒤처질까 봐 계속 움직이려 한다. 그러나 손자병법은 멈춤을 패배의 징후로 보지 않았다. 오히려 멈출 줄 모르는 상태를 가장 위험한 국면으로 보았다. 멈추지 못하면, 다시 볼 수 없기 때문이다.

전쟁에서 계속 전진하는 군대는 반드시 시야를 잃는다. 지형을 놓치고, 병력의 상태를 놓치며, 상대의 변화도 놓친다. 손자는 이런 상태를 '눈을 감고 달리는 것'에 비유했다. 속도는 있지만 방향이 없고, 힘은 있지만 판단이 없다. 그래서 그는 전투 중에도 의도적으로 멈춰 형세를 다시 보게 했다. 그 짧은 멈춤이 전장을 다시 읽게 만들었다.

삶에서도 마찬가지다. 일이 꼬이기 시작할 때, 관계가 어긋날 때, 선택이 반복해서 실패할 때 우리는 보통 더 열심히 움직이려 한다. 더 노력하고, 더 설명하고, 더 밀어붙인다. 그러나 손자병법의 기준에서는 이때야말로 멈춰야 할 시점이다. 문제가 커졌기 때문이 아니라, 이미 보는 힘이 흐려졌기 때문이다.

멈추고 다시 본다는 것은 후퇴가 아니다. 지금까지의 선택을 무효로 돌리는 것도 아니다. 단지 현재의 위치를 재확인하는 과정이다. 내가 어디에 서 있는지, 무엇을 잃고 무엇을 얻었는지, 상황이 처음과 어떻게 달라졌는지를 점검하는 시간이다. 손자는 이 점검 없이 이어지는 모든 행동을 위험하다고 보았다.

멈춤이 필요한 순간에는 공통된 신호가 있다. 같은 판단을 반복하는데 결과가 달라지지 않을 때, 감정이 선택을 앞서기 시작할 때, 설명은 늘어나는데 확신은 줄어들 때다. 이 신호를 무시하면 우리는 계속 같은 방향으로만 움직인다. 그러나 방향이 틀렸다면 속도는 아무 의미가 없다.

관계에서도 멈추고 다시 보는 힘은 중요하다. 갈등이 반복될 때마다 해결하려 애쓰다 보면, 문제의 본질을 놓친다. 이때 잠시 멈춰 관계의 구조를 다시 보면, 무엇이 계속 충돌을 만드는지 드러난다. 손자병법은 문제를 해결하려 들기 전에, 문제를 다시 정의하라고 가르쳤다. 정의가 바뀌면 대응도 바뀐다.

일과 선택의 영역에서도 마찬가지다. 성과가 나오지 않을 때 더 빠르게 움직이는 것은 대부분 착각이다. 이때 필요한 것은 새로운 행동이 아니라, 새로운 관점이다. 지금의 방식이 아직 유효한지, 환경이 변한 것은 아닌지, 기준이 흐려진 것은 아닌지 다시 보는 일. 손자는 이 재점검이 없으면 어떤 전략도 오래 가지 못한다고 보았다.

멈추고 다시 볼 수 있는 사람은 흔들리지 않는다. 그는 상황이 나빠져서 멈추는 것이 아니라, 더 나아가기 위해 멈춘다. 이 차이는 결과를 완전히 바꾼다. 손자가 말한 전략가는 항상 한 발 떨어져 전장을 바라볼 수 있는 사람이었다. 가까이서 보면 감정이 앞서고, 멀어질수록 판단이 살아난다.

이 장의 핵심은 분명하다. 멈춤은 약함이 아니라, 시야를 회복하는 기술이다. 계속 움직이는 것이 능력이 아니라, 멈춰야 할 순간을 아는 것이 능력이다. 손자병법은 우리에게 이렇게 말한다. 전장에서 가장 중요한 힘은 앞으로 나아가는 힘이 아니라, 다시 볼 수 있는 힘이라고. 이 힘을 가질 때, 우리는 잘못된 속도를 멈추고 다시 정확한 방향을 선택할 수 있다.

판단을 미루는 용기

사람들은 결정을 빨리 내리는 사람을 유능하다고 생각한다. 망설이지 않고 즉각 결론을 내리는 태도를 결단력으로 평가한다. 그래서 판단을 미루는 순간을 약함이나 회피로 오해한다. 그러나 손자병법의 관점에서 보면, 판단을 미루는 능력은 가장 높은 수준의 용기다. 모든 판단에는 타이밍이 있고, 그 타이밍을 어기면 옳은 판단조차 위험해진다.

전쟁에서 가장 위험한 순간은 결정을 내려야 할 것처럼 보이지만, 아직 판단의 재료가 충분히 모이지 않았을 때다. 손자는 이때 성급히 명령을 내리는 장수를 경계했다. 상황이 불분명한 상태에서의 결단은 용기가 아니라 도박에 가깝기 때문이다. 그는 필요하다면 판단을 유보하고, 정보를 기다리며, 형세가 드러날 때까지 움직이지 않았다. 이 기다림이 결과적으로 가장 정확한 선택을 만들었다.

삶에서도 판단을 미뤄야 할 순간은 분명히 존재한다. 감정이 아직 가라앉지 않았을 때, 상황이 빠르게 변하고 있을 때, 선택지가 완전히 드러나지 않았을 때다. 이때 즉각 결론을 내리면 불안은 줄어들 수 있다. 그러나 손자병법은 불안을 없애기 위한 판단을 가장 위험한 선택으로 보았다. 판단은 마음을 편하게 하기 위해 존재하는 것이 아니라, 결과를 만들기 위해 존재하기 때문이다.

판단을 미룬다는 것은 책임을 회피하는 일이 아니다. 오히려 더 정확한 책임을 지기 위한 준비다. 지금 결론을 내리면 어떤 결과를 감당해야 하는지, 판단을 유예하면 무엇이 달라질 수 있는지를 비교하는 과정이다. 손자는 이 비교 없이 내려진 결단을 무모함으로 분류했다. 전략은 언제나 가능성을 충분히 확인한 뒤에 작동한다.

관계에서도 판단을 미루는 용기는 중요하다. 상대의 말 한마디, 감정적인 행동 하나로 관계를 단정지어 버리면 되돌릴 수 없는 선을 넘는다. 이때 잠시 판단을 유예하고, 상황이 더 드러날 때까지 기다리는 태도는 관계를 지키는 전략이 된다. 손자병법은 단발적인 움직임보다 반복되는 패턴을 보라고 했다. 판단은 패턴 위에서 내려질 때 정확해진다.

일과 선택의 영역에서도 마찬가지다. 당장 결정을 요구받는 상황일수록, 정말 지금이 판단의 순간인지 되묻는 용기가 필요하다. 손자는 상대가 결정을 재촉할수록 더 신중해지라고 했다. 서두르게 만드는 압박은 대개 상대에게 유리한 형세에서 나온다. 판단을 미루는 것은 주도권을 되찾는 행위다.

판단을 미루는 데에는 불안이 따른다. 미정 상태를 견뎌야 하고, 확답을 주지 못하는 부담도 감수해야 한다. 그래서 많은 사람들은 차라리 불완전한 결론을 선택한다. 그러나 손자병법은 이 불안을 견디는 힘을 전략가의 자질로 보았다. 불확실성을 견딜 수 있는 사람이 결국 가장 정확한 결론에 도달한다.

중요한 것은 영원히 미루는 것이 아니다. 판단을 미룬다는 것은 판단의 시점을 선택하는 일이다. 지금이 아니라는 결론 역시 하나의 결정이다. 손자는 움직이지 않는 선택 또한 명확한 전략으로 보았다. 때가 오면 움직이고, 때가 아니면 멈춘다. 이 구분이 승패를 가른다.

이 장의 핵심은 분명하다. 판단을 미루는 것은 약함이 아니라, 타이밍을 지키는 용기다. 모든 상황에서 즉답을 내릴 필요는 없다. 손자병법은 우리에게 이렇게 말한다. 가장 위험한 결정은, 결정을 서둘러야 한다고 믿는 순간에 내려진다고. 이 용기를 가질 때, 우리는 조급함에 끌려가지 않고 가장 유리한 순간에 정확한 판단을 내릴 수 있다.

빠르게 결정해야 하는 순간의 조건

사람들은 빠른 결정을 위험하다고 말하면서도, 동시에 기회를 놓치지 말아야 한다고 말한다. 그래서 판단 앞에서 늘 갈등한다. 기다려야 할지, 지금 움직여야 할지. 그러나 손자병법은 이 두 선택을 감정으로 나누지 않는다. 빠르게 결정해야 할 순간에는 분명한 조건이 있다. 그 조건이 충족되지 않았다면, 속도는 전략이 아니라 도박이 된다.

전쟁에서 즉각적인 결단이 필요한 순간은 예외적이다. 상대의 움직임이 명확히 드러났고, 형세가 더 이상 바뀌지 않으며, 지연이 곧 손실로 이어질 때다. 손자는 이런 경우에만 주저 없이 움직였다. 반대로 상황이 아직 유동적이거나, 정보가 더 드러날 가능성이 있다면 서두르지 않았다. 빠른 결정은 준비된 형세에서만 의미를 가진다.

삶에서도 빠르게 결정해야 할 순간은 많지 않다. 그러나 우리는 그 순간을 과대평가한다. 지금 선택하지 않으면 끝날 것 같고, 바로 답하지 않으면 뒤처질 것처럼 느낀다. 이때 중요한 것은 질문을 바꾸는 일이다. "지금 결정해야 하는가?"가 아니라, "지금 결정하지 않으면 무엇이 실제로 사라지는가?" 이 질문에 명확한 답이 없다면, 빠른 결정은 필요 없다.

빠르게 결정해야 하는 첫 번째 조건은 정보의 충분성이다. 모든 정보를 다 가질 수는 없지만, 판단에 필요한 핵심은 이미 확보되어 있어야 한다. 손자는 전쟁에서 세부를 기다리지 않았다. 대신 흐름을 읽는 데 필요한 결정적 정보가 갖춰졌는지를 보았다. 삶에서도 마찬가지다. 핵심이 보이지 않는 상태에서의 속도는 방향을 잃기 쉽다.

두 번째 조건은 지연의 비용이다. 판단을 미루는 것이 실제 손실로 이어지는지를 따져야 한다. 기다리는 동안 상황이 악화되거나, 선택지가 사라지거나, 회복이 어려워진다면 그때는 속도가 필요하다. 손자병법에서 말하는 빠른 결정은 이 비용 계산 위에 서 있다. 조급해서가 아니라, 미루는 것이 더 위험할 때 움직인다.

세 번째 조건은 수정 가능성이다. 빠른 결정은 되돌릴 수 있을 때만 전략이 된다. 손자는 항상 철수로를 남겨두었다. 결정 이후에 조정할 수 있는 여지가 없다면, 그 판단은 속도를 요구할 자격이 없다. 삶에서도 마찬가지다. 지금 결정해도 수정할 수 있는지, 조정할 시간이 남아 있는지를 반드시 점검해야 한다.

네 번째 조건은 감정의 거리다. 빠르게 결정해야 할 순간일수록 감정은 판단에서 분리되어 있어야 한다. 분노, 불안, 조급함이 판단을 재촉한다면, 그것은 속도가 아니라 충동이다. 손자는 감정이 개입된 빠른 결정을 가장 경계했다. 속도는 냉정 위에서만 작동한다.

이 조건들이 갖춰졌다면, 빠른 결정은 오히려 가장 안전한 선택이 된다. 망설임은 기회를 소모시키고, 지연은 형세를 바꾼다. 이때의 속도는 무모함이 아니라 정확함의 다른 이름이다. 손자병법이 말한 빠름은, 이미 판단이 끝난 상태에서의 실행이었다.

관계에서도 빠른 결정이 필요한 순간이 있다. 반복되는 패턴이 분명해졌고, 더 기다려도 달라질 가능성이 없을 때다. 이때 미루는 태도는 배려가 아니라 방치가 된다. 손자는 형세가 확정된 뒤의 지연을 가장 큰 실수로 보았다. 이미 답이 나온 상황에서의 망설임은 선택이 아니라 회피다.

일과 선택의 영역에서도 동일하다. 구조가 완성되었고, 조건이 충족되었으며, 지연의 비용이 분명하다면 그때는 결정을 늦추지 말아야 한다. 빠른 결정은 준비된 사람에게만 허락되는 특권이다.

준비 없이 빠르기만 한 선택은 언제나 대가를 요구한다.

이 장의 핵심은 분명하다. 빠르게 결정해야 하는 순간은 감정이 아니라 조건이 만든다. 정보, 비용, 수정 가능성, 그리고 감정의 거리. 이 네 가지가 갖춰졌을 때 속도는 전략이 된다. 손자병법은 우리에게 이렇게 말한다. 빠른 결정이 강한 것이 아니라, 빠르게 결정해도 무너지지 않는 형세가 강한 것이라고. 이 기준을 가질 때, 우리는 서두르지 않으면서도 결정적인 순간을 놓치지 않게 된다.

다수의 의견이 항상 옳지는 않다

사람들은 의견이 많아질수록 정답에 가까워진다고 믿는다. 여러 사람이 같은 말을 하면 안전해 보이고, 다수가 선택한 길이라면 실패할 가능성도 줄어드는 것처럼 느껴진다. 그래서 판단 앞에서 혼자 서기보다, 여론 뒤에 숨으려 한다. 그러나 손자병법은 이 믿음을 경계한다. 다수의 의견은 편안함을 주지만, 정확함을 보장하지는 않는다.

전쟁에서 다수의 판단이 위험해지는 순간은 명확하다. 모두가 같은 방향을 보고 있을 때다. 손자는 이런 상태를 가장 불안정한 형세로 보았다. 이유는 단순하다. 다수가 같은 판단을 내린다는 것은, 상대 역시 그 판단을 예측할 수 있다는 뜻이기 때문이다. 예측 가능한 움직임은 언제나 공격의 표적이 된다.

삶에서도 다수의 의견은 쉽게 한 방향으로 쏠린다. 유행, 분위기, 성공 사례가 반복해서 제시되면 그것이 유일한 정답처럼 보인다. 이때 우리는 묻지 않는다. 이 선택이 나에게도 맞는지, 지금의 나의 위치에서 유효한지. 다수의 선택은 평균을 만든다. 그러나 평균은 언제나 개인의 조건을 지워버린다.

손자병법이 다수의 의견을 그대로 따르지 않은 이유는 전략이 항상 형세에 따라 달라지기 때문이다. 같은 전술이라도 지형이 다르면 결과가 달라지고, 병력의 상태가 다르면 의미가 바뀐다. 손자는 '많은 사람이 옳다고 말한다.'는 이유만으로 움직이지 않았다. 그는 언제나 지금 이 자리에서의 유불리를 먼저 따졌다.

다수의 의견이 위험해지는 또 다른 이유는 책임이 분산되기 때문이다. 모두가 그렇게 말했으니 실패해도 개인의 판단 오류는 흐려진다. 그러나 손자병법의 관점에서 전략은 항상 책임을 전제로 한다. 판단의 결과를 감당할 주체가 분명하지 않다면, 그 선택은 이미 전략이 아니다. 안전해 보이는 선택이 가장 큰 손실을 만드는 경우는 대부분 여기에서 시작된다.

관계에서도 다수의 의견은 판단을 흐린다. "다들 그렇게 참는다.", "원래 그 정도는 감수해야 한다."는 말은 개인의 경계를 무너뜨린다. 그러나 손자병법은 전투의 기준을 남의 인내에 두지 않았다. 감당할 수 있는 범위는 사람마다 다르다. 다수가 견딘다고 해서, 그 선택이 나에게도 전략이 되는 것은 아니다.

일과 선택의 영역에서도 마찬가지다. 모두가 몰리는 분야, 모두가 선택하는 방식은 이미 경쟁이 극단적으로 치열해진 상태일 가능성이 높다. 손자는 이런 전장을 신중하게 바라보았다. 다수가 몰린다는 것은 기회가 있다는 신호이기도 하지만, 동시에 소모가 극대화된 구조라는 신호이기도 하기 때문이다. 전략가는 이 신호를 그대로 받아들이지 않는다.

그렇다고 다수의 의견을 무시하라는 뜻은 아니다. 손자병법은 정보를 배제하지 않았다. 다만 그것을 판단의 기준으로 삼지 않았을 뿐이다. 다수의 의견은 참고 자료일 뿐, 결론을 대신해주지 않는다. 중요한 것은 그 의견이 지금의 형세와 어떻게 맞물리는지, 나의 조건에서 어떤 결과를 만드는지다.

혼자 다른 판단을 내리는 일은 불안하다. 틀릴 가능성도 커 보인다. 그러나 손자병법은 이 불안을 전략가가 감당해야 할 기본 비용으로 보았다. 모두와 같은 방향으로 가는 것은 편하지만, 편안함은 전략이 아니다. 전략은 언제나 불편함을 감수하는 선택에서 시작된다.

이 장의 핵심은 분명하다. 다수의 의견은 정답일 수는 있어도, 기준이 될 수는 없다. 판단의 기준은 언제나 형세와 조건, 그리고 감당 가능성에 있다. 손자병법은 우리에게 이렇게 말한다. 많은 사람이 선택한 길이 아니라, 지금의 나에게 유리한 길을 선택하라. 이 기준을 지킬 수 있을 때, 우리는 군중의 안전에 기대지 않고 스스로의 판단으로 움직일 수 있다.

결단은 빠르되, 방향은 흔들리지 않는다

사람들은 결단을 하나의 순간으로 생각한다. 오래 고민하다가 어느 지점에서 마음을 정하고, 그 선택으로 모든 것이 결정된다고 믿는다. 그래서 결단을 두려워하고, 한 번 내린 결정을 끝까지 밀어붙이려 한다. 그러나 손자병법의 관점에서 결단은 단발적인 행동이 아니다. 결단은 방향을 정하는 일이고, 그 방향을 유지하는 능력까지 포함한다.

전쟁에서 결단이 빛나는 순간은 공격을 명령할 때가 아니라, 그 공격의 방향을 끝까지 지킬 때다. 손자는 빠르게 결단하되, 그 결단이 흔들리지 않도록 구조를 만들었다. 상황이 조금 달라졌다고 방향을 바꾸지 않았고, 주변의 소음에 반응해 판단을 뒤집지도 않았다. 그는 결단이 속도의 문제가 아니라, 일관성의 문제라는 것을 알고 있었다.

삶에서도 결단은 빠를수록 좋다. 머뭇거리다 보면 기회는 사라지고, 상황은 바뀐다. 그러나 더 중요한 것은 결단 이후다. 선택한 방향이 불편해졌을 때, 예상보다 속도가 느릴 때, 주변에서 다른 길을 권할 때 흔들리지 않는 힘이 필요하다. 결단은 시작이고, 전략은 유지다. 이 둘이 분리되는 순간 선택은 힘을 잃는다.

결단이 흔들리는 이유는 대부분 외부에 있다. 남의 결과, 남의 속도, 남의 평가가 판단에 끼어들기 시작하면 방향은 금세 흐려진다. 손자병법은 이런 상태를 가장 위험한 형세로 보았다. 이미 결단을 내렸는데도 계속 판단을 다시 한다면, 그것은 전략이 아니라 불안이다. 불안은 방향을 유지하지 못하게 만든다.

방향을 지킨다는 것은 고집과 다르다. 고집은 변화를 보지 않는 것이고, 전략적 방향 유지는 변화를 감안한 채 핵심을 유지하는 것이다. 손자는 상황에 따라 전술은 바꾸었지만, 전쟁의 목적은 바꾸지 않았다. 목적이 분명하면 조정은 흔들림이 아니라 정밀화가 된다. 삶에서도 마찬가지다. 방향이 분명하면 수정은 실패가 아니라 관리가 된다.

관계에서도 이 원리는 그대로 적용된다. 어떤 태도를 취하기로 결정했다면, 그 기준을 쉽게 무너뜨리지 않아야 한다. 감정이 올라왔다고, 상대의 반응이 달라졌다고 곧바로 방향을 바꾸면 관계는 불안정해진다. 손자병법이 말한 안정은 상대를 통제하는 데서 나오지 않았다. 자기 기준을 유지하는 힘에서 나왔다.

일과 선택의 영역에서도 결단은 빠를수록 좋다. 그러나 그 결단을 지탱할 기준이 없다면, 선택은 금세 흔들린다. 손자는 결단 이후에도 계속해서 형세를 점검했지만, 방향을 쉽게 바꾸지는 않았다. 점검은 유지의 일부였지, 후회의 반복이 아니었다. 빠른 결단과 흔들리지 않는 방향은 함께 작동할 때 비로소 전략이 된다.

결단을 내린 뒤 가장 위험한 유혹은 "다시 생각해 보자."는 말이다. 물론 점검은 필요하다. 그러나 방향까지 다시 흔들기 시작하면, 우리는 끝없이 출발선에 머무르게 된다. 손자병법은 결단 이후의 망설임을 가장 큰 손실로 보았다. 이미 선택한 길에서 얻을 수 있는 축적을 스스로 끊어버리기 때문이다.

이 장의 핵심은 분명하다. 결단은 빠르게, 방향은 단단하게. 결단의 속도와 방향의 일관성이 함께할 때 전략은 힘을 가진다. 손자병법은 우리에게 이렇게 말한다. 빠르게 결정하되, 쉽게 흔들리지 말라고. 이 원칙을 지킬 수 있을 때, 우리는 망설임에 시간을 빼앗기지 않고 선택의 결과를 끝까지 만들어갈 수 있다.

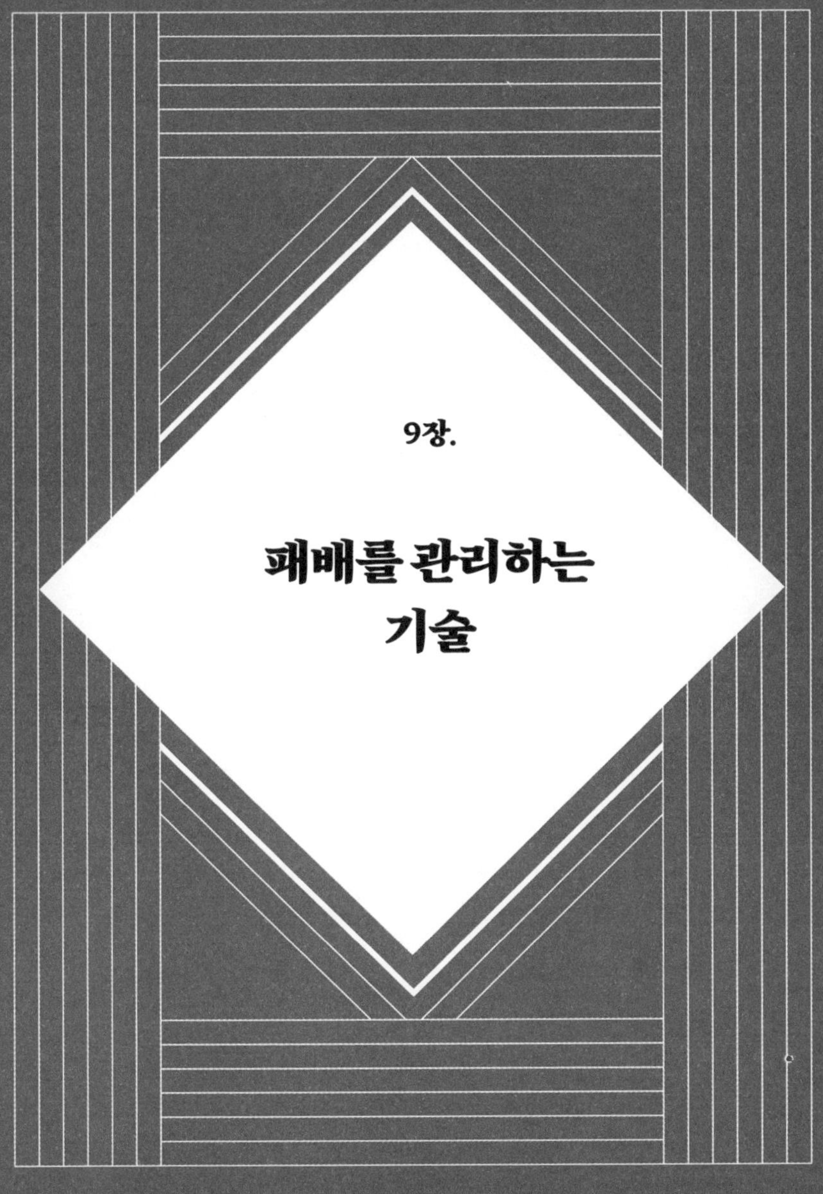

9장.

패배를 관리하는 기술

패배는 피할 수 없다

사람들은 패배를 실패로만 이해한다. 지지 않기 위해 애쓰고, 한 번의 패배도 허용하지 않으려 한다. 그래서 패배의 가능성이 보이면 싸움을 피하거나, 결과를 부정하거나, 책임을 외면한다. 그러나 손자병법은 이 태도를 위험하다고 본다. 패배는 피할 수 없는 국면이며, 문제는 패배 자체가 아니라 그 이후의 대응이기 때문이다.

전쟁에서 모든 싸움을 이길 수는 없다. 아무리 준비해도 변수는 생기고, 상대의 선택이 더 정확할 때도 있다. 손자는 이를 냉정하게 받아들였다. 그는 장수에게 '패배하지 않는 법'보다 '패배를 관리하는 법'을 가르쳤다. 패배를 인정하지 못하면 다음 판단이 흐려지고, 손실은 눈덩이처럼 커진다.

삶에서도 마찬가지다. 모든 선택이 성공으로 이어질 수는 없다. 관계에서, 일에서, 방향 설정에서 우리는 반드시 몇 번의 패배를 겪는다. 문제는 그 패배를 개인의 무능이나 끝으로 규정하는 순간이다. 손자병법의 기준에서는 이 해석이 가장 치명적이다. 패배를 끝으로 정의하는 순간, 전략은 중단된다.

패배를 피할 수 없는 이유는 우리가 완벽한 정보를 가질 수 없기 때문이다. 판단은 언제나 불완전한 조건 위에서 내려진다. 손자는 이 불완전성을 전제로 전략을 세웠다. 그래서 그는 패배를 예외로 취급하지 않았다. 오히려 언제 패배가 발생하더라도 회복할 수 있는 구조를 먼저 만들었다.

패배를 인정하지 못하면 사람은 두 가지 극단으로 치닫는다. 하나는 무리한 만회다. 잃은 것을 한 번에 되찾으려다 더 큰 손실을 낳는다. 다른 하나는 회피다. 책임을 미루고, 상황을 외면하며, 판단을 멈춘다. 손자병법은 이 둘을 모두 패배 이후의 최악의 선택으로 보았다. 패배는 조정의 신호이지, 감정의 폭발이나 도피의 이유가 아니기 때문이다.

관계에서도 패배는 존재한다. 이해받지 못하고, 설득하지 못하고, 기대한 방향으로 흘러가지 않을 때 우리는 졌다고 느낀다. 이때 중요한 것은 승부욕이 아니라 해석이다. 손자는 관계의 전장에서 이기고 지는 기준을 결과가 아니라 구조로 보았다. 지금의 패배가 다음 국면을 준비하게 만드는가, 아니면 관계를 파괴하는가가 판단의 기준이다.

　일과 선택의 영역에서도 패배는 불가피하다. 계획이 틀리고, 타이밍을 놓치고, 판단이 빗나갈 수 있다. 이때 패배를 부정하면 같은 실수를 반복한다. 반대로 패배를 인정하면, 원인을 분석하고 구조를 수정할 수 있다. 손자병법이 말한 전략은 바로 이 수정 능력에 있다.

　패배를 받아들이는 태도는 체념과 다르다. 그것은 포기가 아니라 현실 인식이다. 손자는 패배를 겪은 뒤에도 감정을 키우지 않았다. 대신 손실의 범위를 계산하고, 남은 자원을 확인하며, 다음 선택을 준비했다. 패배를 감정으로 소비하지 않는 태도가 전략가를 만든다.

　이 장의 핵심은 분명하다. 패배는 피할 수 없다. 그러나 무너지는 패배는 선택이고, 회복하는 패배는 전략이다. 손자병법은 우리에게 이렇게 말한다. 모든 전투에서 이길 필요는 없지만, 모든 패배를 끝으로 만들어서는 안 된다고. 이 인식을 가질 때, 우리는 패배 앞에서도 방향을 잃지 않고 다음 국면으로 나아갈 수 있다.

문제는 패배 이후다

패배 자체보다 더 큰 문제는 패배 이후의 선택이다. 많은 사람들은 지는 순간 모든 것이 끝났다고 느낀다. 감정이 앞서고, 판단은 흐려지며, 다음 행동은 두려움이나 분노에 의해 결정된다. 그러나 손자병법은 패배를 하나의 국면으로 보았을 뿐, 결론으로 보지 않았다. 진짜 승부는 패배한 다음에 시작된다고 보았기 때문이다.

전쟁에서 패배 직후는 가장 위험한 시간이다. 병사들의 사기는 떨어지고, 지휘 체계는 흔들리며, 잘못된 만회를 시도하기 쉽다. 손자는 이때 가장 먼저 해야 할 일을 분명히 했다. 싸우지 않는 것, 움직임을 줄이는 것, 그리고 손실을 정확히 파악하는 것이다. 패배 이후에 무리하게 움직이면, 작은 손실이 치명적인 붕괴로 이어진다.

삶에서도 패배 직후의 반응은 결과를 완전히 바꾼다. 실패를 인정하지 못하고 변명하거나, 자책에 빠지거나, 급하게 다른 선택으로 덮으려 한다. 이때의 선택은 문제를 해결하지 않는다. 오히려 문제의 범위를 키운다. 손자병법의 기준에서 패배 직후에 필요한 것은 행동이 아니라 정리다.

패배 이후 가장 먼저 해야 할 일은 감정을 진정시키는 것이다. 분노와 수치심, 불안이 판단을 지배하는 상태에서는 어떤 분석도 정확할 수 없다. 손자는 감정이 가라앉기 전까지 결정을 내리지 말라고 했다. 감정이 빠진 뒤에야 비로소 패배는 정보가 된다. 그 전까지 패배는 소음일 뿐이다.

두 번째는 패배의 원인을 하나로 단순화하지 않는 것이다. "내가 부족해서", "운이 없어서" 같은 결론은 편하지만 아무것도 바꾸지 못한다. 손자병법은 패배를 구조적으로 분석했다. 타이밍, 준비, 정보, 대응, 자원의 배치 중 무엇이 어긋났는지를 나눠 보았다. 이렇게 분해할수록 패배는 다시 사용 가능한 자료가 된다.

세 번째는 손실의 범위를 제한하는 것이다. 이미 잃은 것을 되찾으려는 욕심은 더 큰 손실을 부른다. 손자는 패배 이후의 만회를 가장 경계했다. 이길 수 없는 싸움을 연장하는 순간, 패배는 확대된다. 패배를 멈출 줄 아는 능력이 곧 회복의 출발점이다.

관계에서도 패배 이후의 태도는 중요하다. 다툼에서 졌다고 느낀 순간, 감정적으로 대응하면 관계는 더 깊이 손상된다. 이때 물러서서 구조를 재정비하면, 관계는 전혀 다른 방향으로 이어질 수 있다. 손자병법은 물러남을 패배로 보지 않았다. 다음 국면을 준비하는 이동으로 보았다.

일과 선택의 영역에서도 마찬가지다. 실패 후 바로 다른 선택으로 뛰어들면, 같은 실수를 반복할 가능성이 높다. 손자는 패배 후 일정 기간을 '정지 구간'으로 두었다. 이 시간 동안 그는 상황을 다시 보고, 기준을 재정렬하며, 다음 선택의 조건을 분명히 했다. 이 정지가 없으면 회복은 없다.

패배 이후에 중요한 것은 속도가 아니라 방향이다. 빨리 벗어나려 할수록 더 깊이 빠질 수 있다. 손자병법이 말한 회복은 빠른 반등이 아니라, 안정적인 재진입이었다. 전장을 다시 선택하고, 싸울 자리를 다시 정하는 것. 이것이 패배 이후의 진짜 전략이다.

이 장의 핵심은 분명하다. 패배는 사건이고, 그 이후는 선택이다. 문제는 지는 것이 아니라, 진 다음에 무엇을 하느냐다. 손자병법은 우리에게 이렇게 말한다. 패배를 관리하지 못하는 사람은 한 번의 패배로 끝나지만, 패배를 다룰 줄 아는 사람은 그 패배를 다음 승부의 재료로 만든다고. 이 차이가 결국 결과를 갈라놓는다.

무너질 것과 남길 것

패배의 순간에는 모든 것이 무너진 것처럼 보인다. 계획도, 자신감도, 쌓아온 시간까지 한꺼번에 사라진 느낌이 든다. 그래서 사람들은 패배를 전부의 붕괴로 받아들인다. 그러나 손자병법은 이 인식을 가장 경계했다. 패배는 모든 것을 무너뜨리지 않는다. 다만 무엇이 무너질지, 무엇을 남길지를 선택해야 하는 순간을 앞당길 뿐이다.

전쟁에서 패배가 발생하면 장수는 즉시 판단해야 한다. 어떤 진형은 버려야 하고, 어떤 병력은 반드시 보존해야 한다. 모든 것을 지키려 하면 오히려 전부를 잃는다. 손자는 패배 이후의 핵심을 '버릴 것'과 '남길 것을 명확히 구분하는 능력'으로 보았다. 이 구분이 없으면 회복은 불가능하다.

삶에서도 패배 뒤에는 같은 선택이 요구된다. 실패한 방식, 이미 작동하지 않는 기대, 현실과 맞지 않는 목표는 과감히 내려놓아야 한다. 그러나 동시에 반드시 남겨야 할 것들이 있다. 경험에서 얻은 감각, 아직 소진되지 않은 역량, 다시 시작할 수 있는 최소한의 기반. 손자병법의 기준에서는 이 '남길 것'을 지키는 일이 전략의 핵심이다.

많은 사람들은 패배 후에 잘못된 것을 붙잡는다. 이미 무너진 체면, 지나간 성과, 타인의 평가를 지키려 애쓴다. 그 결과 정작 중요한 자원은 소모된다. 손자는 이를 가장 위험한 선택으로 보았다. 이미 무너진 것을 지키려는 순간, 남길 수 있었던 것마저 잃기 때문이다.

무너질 것을 받아들이는 일은 아프다. 인정해야 하고, 내려놓아야 하며, 이전의 자신과 결별해야 한다. 그러나 손자병법은 이 결별을 약함으로 보지 않았다. 오히려 다음 국면을 위한 정리의 과정으로 보았다. 전쟁에서의 후퇴가 패배가 아니듯, 삶에서의 정리는 끝이 아니다. 정리가 있어야 재배치가 가능하다.

관계에서도 마찬가지다. 패배를 느낀 관계에서는 모든 것을 유지하려 애쓰다 더 큰 상처를 남긴다. 이때 버려야 할 것은 과도한 기대와 일방적인 희생이고, 남겨야 할 것은 존중과 경계다. 손자병법의 시선에서 관계의 전략은 감정이 아니라 구조에 있다. 구조가 유지되면 관계는 다른 형태로 이어질 수 있다.

일과 선택의 영역에서도 무너질 것과 남길 것을 구분해야 한다. 실패한 프로젝트는 접을 수 있지만, 그 과정에서 얻은 통찰과 기술까지 버릴 필요는 없다. 손자는 패배한 전투에서 얻은 정보를 가장 값진 자산으로 여겼다. 다음 승부는 바로 그 정보 위에서 준비되기 때문이다.

이 구분이 어려운 이유는 감정 때문이다. 분노와 후회, 수치심이 판단을 흐리면 우리는 버릴 것을 붙잡고, 남길 것을 스스로 훼손한다. 손자병법은 이 감정의 개입을 경계했다. 패배 이후에는 감정을 정리한 뒤에야 선택이 가능하다고 보았다. 감정이 빠져야 구조가 보인다.

무너질 것을 무너뜨릴 줄 아는 사람은 다시 일어날 수 있다. 반대로 모든 것을 붙잡으려는 사람은 회복의 기회를 스스로 차단한다. 손자가 말한 강함은 끝까지 지키는 힘이 아니라, 지킬 가치가 있는 것을 알아보는 판단력이다.

이 장의 핵심은 분명하다. 패배 이후에는 선택이 필요하다. 무엇을 내려놓고, 무엇을 반드시 남길 것인가. 손자병법은 우리에게 이렇게 말한다. 전장에서 살아남는 것은 모든 것을 지키는 군대가 아니라, 지켜야 할 것을 정확히 아는 군대라고. 이 구분을 해낼 수 있을 때, 패배는 붕괴가 아니라 다음 국면을 여는 정리가 된다.

패배에서 배우는 사람

같은 패배를 두고도 결과는 완전히 갈린다. 어떤 사람은 그 패배로 무너지고, 어떤 사람은 그 패배를 발판으로 삼는다. 차이는 능력보다 태도에서 나온다. 손자병법은 이 차이를 분명히 짚는다. 패배는 가르치지 않는다. 배우는 사람만이 패배를 지식으로 바꾼다.

전쟁에서 패배는 언제나 고통스럽다. 그러나 손자는 패배를 숨기거나 미화하지 않았다. 그는 패배한 전투를 다시 들여다보며, 왜 졌는지를 집요하게 분석했다. 병력의 문제였는지, 판단의 오류였는지, 정보의 부족이었는지, 타이밍이 어긋났는지를 하나씩 분해했다. 이 분석이 끝난 뒤에야 다음 전투가 가능했다. 분석 없는 반성은 감정에 그치고, 감정은 다시 같은 패배를 부른다.

삶에서도 패배 이후 가장 흔한 반응은 두 가지다. 하나는 자기비난이고, 다른 하나는 외부 탓이다. 둘 다 배우는 데에는 아무런 도움이 되지 않는다. 손자병법의 관점에서 보면 이 두 반응은 모두 책임을 흐리는 방식이다. 배우는 사람은 잘잘못을 따지기보다 구조를 본다. 무엇이 작동하지 않았는지를 차분히 나눈다.

패배에서 배운다는 것은 스스로를 부정하는 일이 아니다. 오히려 스스로를 보호하는 선택에 가깝다. 실패를 개인의 무능으로 규정하면 자신감은 무너지고, 다시 도전할 힘을 잃는다. 반대로 패배를 판단의 오류로 해석하면 수정의 여지가 생긴다. 손자는 이 여지를 전략의 출발점으로 삼았다. 전략은 완벽함에서 나오지 않고, 수정 가능성에서 자란다.

관계에서도 패배는 중요한 교재가 된다. 설득하지 못한 이유, 이해받지 못한 순간, 반복된 갈등의 원인을 돌아보면 패턴이 드러난다. 이 패턴을 인식한 사람은 다음 관계에서 같은 실수를 줄인다. 손자병법은 한 번의 실패보다, 같은 실패를 반복하는 것을 가장 큰 패배로 보았다.

일과 선택의 영역에서도 마찬가지다. 실패한 프로젝트, 틀린 판단, 놓친 타이밍은 모두 데이터다. 그러나 꺼내 보지 않으면 아무 의미가 없다. 손자는 패배를 기록하라고 했다. 기억은 흐려지지만, 기록은 남기 때문이다. 이 기록이 쌓일수록 전략은 점점 정교해진다.

패배에서 배우는 사람은 조급하지 않다. 그는 바로 다음 승리를 만들려 하지 않는다. 먼저 패배를 충분히 소화한다. 왜 그 선택을 했는지, 당시 어떤 정보가 있었는지, 지금 다시 본다면 무엇이 달라질지를 점검한다. 이 과정은 느리지만, 다음 판단의 정확도를 크게 높인다.

중요한 것은 배움의 방향이다. 패배를 통해 더 안전해지려는가, 아니면 더 정확해지려는가. 손자병법은 지나치게 안전해지는 방향을 경계했다. 움츠러들기만 하면 싸울 수 없기 때문이다. 배움은 두려움을 키우는 데 쓰여서는 안 된다. 배움은 판단을 정교하게 만드는 데 사용되어야 한다.

패배에서 배운 사람은 같은 상황에서 다른 선택을 할 수 있다. 이것이 배움의 증거다. 말로 이해하는 것이 아니라, 다음 판단에서 행동이 달라진다. 손자는 이를 가장 확실한 승리의 신호로 보았다. 아직 싸우지 않았지만, 이미 이긴 상태라는 뜻이다.

이 장의 핵심은 분명하다. 패배는 끝이 아니라 교재다. 그러나 읽지 않으면 아무 의미가 없다. 손자병법은 우리에게 이렇게 말한다. 패배를 두려워하지 말고, 패배를 헛되이 쓰는 것을 두려워하라고. 이 태도를 가질 때, 우리는 같은 전장에서 두 번 지지 않게 된다.

실패를 기록하라

사람들은 실패를 빨리 잊고 싶어 한다. 떠올리기 불편하고, 자존심이 상하며, 다시 생각할수록 감정이 흔들리기 때문이다. 그래서 실패를 정리하지 않은 채 덮어두고, "다음에는 잘하면 된다."는 말로 넘어간다. 그러나 손자병법은 이 태도를 가장 위험하다고 본다. 기록되지 않은 실패는 반드시 반복되기 때문이다.

전쟁에서 손자는 승리보다 패배의 기록을 더 중요하게 다뤘다. 이긴 전투는 조건이 바뀌면 참고 가치가 사라지지만, 패배한 전투는 언제나 같은 위험을 경고해 주기 때문이다. 그는 패배를 감정으로 소비하지 않고, 문서로 남겼다. 어느 시점에서 판단이 어긋났는지, 어떤 정보가 부족했는지, 무엇을 과신했는지를 구체적으로 적었다. 이 기록이 다음 전투의 안전장치가 되었다.

삶에서도 실패는 기록될 때 비로소 자산이 된다. 기억에만 의존하면 실패는 왜곡된다. 시간이 지나면 상황을 미화하거나, 책임을 흐리거나, 불리한 요소를 지워버린다. 손자병법의 관점에서는 이 왜곡이 가장 큰 손실이다. 기록은 감정을 배제하고 사실을 남긴다. 그래서 기록된 실패는 다시 꺼내 쓸 수 있다.

실패를 기록할 때 중요한 것은 반성이 아니라 분해다. '왜 못했는가'보다 '어디에서 어긋났는가'를 적는다. 판단의 시점, 선택의 근거, 당시의 감정 상태, 놓친 신호를 구체적으로 나눈다. 손자는 실패를 하나의 이유로 설명하지 않았다. 여러 요소로 쪼개야 다음 전략이 보이기 때문이다.

관계에서도 실패의 기록은 큰 힘을 가진다. 반복되는 갈등, 같은 지점에서의 오해는 우연이 아니다. 기록을 통해 보면 패턴이 드러난다. 언제 기대가 커졌는지, 어떤 말에서 감정이 흔들렸는지, 어디서 경계가 무너졌는지가 보인다. 손자병법은 이 패턴 인식을 전략의 핵심으로 보았다. 패턴을 알면, 같은 실패를 피할 수 있다.

일과 선택의 영역에서도 기록은 필수다. 실패한 결정의 이유를 남기지 않으면, 다음 선택에서도 비슷한 논리를 반복한다. "그땐 어쩔 수 없었다."는 말은 기록 앞에서 힘을 잃는다. 손자는 변명을 허용하지 않았다. 기록은 변명보다 정확하고, 감정보다 냉정하다.

실패를 기록한다는 것은 자신을 처벌하는 일이 아니다. 오히려 자신을 보호하는 일에 가깝다. 기록이 없는 사람은 경험이 쌓이지 않고, 기록이 있는 사람은 같은 시간을 두 번 살지 않는다. 손자병법이 말한 경험이란 단순한 반복이 아니라, 기록을 통해 축적된 판단의 정밀함이었다.

중요한 것은 기록의 시점이다. 실패 직후, 감정이 완전히 사라지기 전에 남겨야 한다. 시간이 지나면 기억은 선택적으로 변한다. 손자는 전투가 끝난 직후 보고서를 작성하게 했다. 감정이 아직 생생할 때 사실을 놓치지 않기 위해서였다. 삶에서도 마찬가지다. 가장 불편할 때의 기록이 가장 정확하다.

이 장의 핵심은 분명하다. 실패는 기록될 때 비로소 끝난다. 기록하지 않으면 실패는 계속 현재형으로 남는다. 손자병법은 우리에게 이렇게 말한다. 실패를 숨기지 말고, 남기라고. 그 기록이 다음 패배를 막는 가장 확실한 전략이라고. 이 기록을 쌓아갈수록 우리는 같은 전장에서 점점 덜 지게 된다.

다시 일어나는 구조 만들기

패배 이후에 가장 중요한 것은 의지가 아니다. 다시 해보겠다는 다짐만으로는 오래 버티지 못한다. 손자병법은 개인의 각오보다 구조를 먼저 보았다. 다시 일어날 수 있는 사람과 그렇지 못한 사람의 차이는 마음가짐이 아니라, 넘어졌을 때 다시 서도록 설계되어 있는가에 달려 있기 때문이다.

전쟁에서 패배한 군대가 완전히 무너지는 이유는 병사들이 약해서가 아니다. 보급이 끊기고, 지휘 체계가 붕괴되며, 다음 선택을 할 수 있는 구조가 사라졌기 때문이다. 손자는 패배 이후 가장 먼저 병력을 재편하고, 보급을 정비하며, 지휘선을 다시 세웠다. 다시 싸우기 위해서가 아니라, 다시 선택할 수 있기 위해서였다.

삶에서도 마찬가지다. 패배 후에 다시 일어나지 못하는 경우를 보면, 에너지가 한 지점에만 몰려 있었던 경우가 많다. 결과 하나에 모든 자존감과 의미를 걸어두면, 그 결과가 무너지는 순간 함께 무너진다. 손자병법의 관점에서는 이것이 가장 위험한 구조다. 다시 일어나려면, 하나가 무너져도 전체가 붕괴되지 않는 설계가 필요하다.

다시 일어나는 구조의 첫 번째 요소는 손실을 제한하는 장치다. 실패했을 때 모든 것을 잃지 않도록 범위를 나눠 두는 것이다. 손자는 항상 퇴로를 남겨두었다. 전투에서 밀리더라도 병력을 보존하고, 다음 전장을 선택할 수 있도록 하기 위해서였다. 삶에서도 마찬가지다. 한 선택이 실패해도 다시 시도할 수 있는 여지를 남겨두는 것, 그것이 구조다.

두 번째는 에너지 회복의 통로다. 패배 이후 사람을 가장 빨리 무너뜨리는 것은 추가적인 소모다. 자책, 비교, 조급한 만회 시도는 에너지를 회복시키지 못하고 고갈시킨다. 손자병법은 패배 이후 일정 기간을 회복의 시간으로 확보했다. 다시 일어나는 구조에는 반드시 쉬고 정리할 수 있는 구간이 포함되어야 한다.

세 번째는 판단을 재개할 수 있는 기준이다. 패배 이후에 무엇을 다시 시도할지, 언제 움직일지에 대한 기준이 없으면 사람은 멈추거나 무작정 달린다. 손자는 패배 후에 바로 싸움을 재개하지 않았다. 조건이 충족될 때까지 기다렸다. 이 기준이 있어야 재도전은 무모함이 아니라 전략이 된다.

관계에서도 다시 일어나는 구조는 필요하다. 갈등이나 상처 이후에 모든 것을 원상복구하려 하면 더 큰 부담이 생긴다. 이때 중요한 것은 이전과 같은 관계로 돌아가는 것이 아니라, 감당 가능한 형태로 재구성하는 것이다. 기대를 조정하고, 역할을 바꾸며, 거리를 새로 설정하는 것. 손자병법의 시선에서 회복은 복원이 아니라 재배치다.

일과 선택의 영역에서도 구조는 결과를 좌우한다. 한 번의 실패로 모든 방향이 막히지 않도록, 경험과 기술이 다른 선택으로 이어질 수 있게 연결해 두는 것이다. 실패한 프로젝트가 다음 기획의 자료가 되고, 잘못된 판단이 기준을 정교하게 만드는 자원이 될 때, 구조는 제대로 작동하고 있는 상태다.

다시 일어나는 사람은 특별히 강해서가 아니다. 그는 이미 넘어질 것을 고려해 구조를 만들어 두었을 뿐이다. 손자병법이 말한 전략가는 승리를 전제로 움직이지 않았다. 패배 이후에도 선택할 수 있는 상태를 목표로 움직였다. 이 상태가 유지되면, 패배는 일시적인 사건이 된다.

이 장의 핵심은 분명하다. 다시 일어나는 힘은 의지에서 나오지 않는다. 구조에서 나온다. 손자병법은 우리에게 이렇게 말한다. 전장에서 살아남는 군대는 반드시 다시 정렬할 수 있는 구조를 가지고 있다고. 이 구조를 만들 수 있을 때, 패배는 끝이 아니라 다음 국면으로 넘어가는 하나의 과정이 된다.

패배를 자산으로 바꾸는 법

패배는 그 자체로는 아무것도 아니다. 쓰러진 자리, 잃은 결과, 무너진 기대라는 사실만 남아 있을 뿐이다. 패배가 자산이 되는 순간은 따로 있다. 그것을 어떻게 다루느냐에 따라 패배는 짐이 되기도 하고, 다음 선택을 지탱하는 기반이 되기도 한다. 손자병법은 이 차이를 매우 분명하게 보았다. 패배를 자산으로 만드는 것은 운이 아니라 기술이다.

전쟁에서 패배는 곧 정보의 집합이었다. 어디서 틈이 났는지, 어떤 판단이 늦었는지, 무엇을 과신했는지가 모두 드러난 상태다. 손자는 이 정보를 흘려보내지 않았다. 오히려 승리보다 패배에서 더 많은 것을 추출했다. 승리는 반복되지 않지만, 패배의 원인은 반복되기 때문이다. 이 반복을 끊는 순간, 패배는 곧 자산으로 전환된다.

삶에서도 패배는 가장 솔직한 데이터를 제공한다. 잘될 때는 보이지 않던 한계, 무리한 선택, 왜곡된 기대가 패배의 순간에는 선명해진다. 그러나 많은 사람들은 이 장면을 빨리 덮으려 한다. 잊고 넘어가려 한다. 손자병법의 관점에서는 이것이 가장 큰 손실이다. 패배를 외면하는 순간, 자산이 될 수 있는 정보도 함께 사라진다.

패배를 자산으로 바꾸는 첫 번째 조건은 해석을 바꾸는 것이다. 패배를 나에 대한 평가로 해석하지 않고, 선택과 구조의 결과로 해석해야 한다. "내가 부족해서 졌다."는 결론은 감정적이지만 아무것도 남기지 않는다. 반대로 "이 판단은 이 조건에서 작동하지 않았다"는 해석은 다음 선택을 바꾼다. 손자병법은 언제나 사람보다 구조를 먼저 보았다.

두 번째 조건은 다음에 쓰일 형태로 정리하는 것이다. 패배를 오래 곱씹는다고 해서 자산이 되지는 않는다. 어디서 멈춰야 했는지, 어떤 신호를 놓쳤는지, 다음에는 무엇을 기준으로 판단할지를 명확히 해야 한다. 이렇게 정리된 패배는 경험이 아니라 매뉴얼이 된다. 손자는 패배를 교훈으로 남겼지, 감정으로 남기지 않았다.

세 번째 조건은 패배의 범위를 고정하는 것이다. 패배를 자산으로 바꾸지 못하는 사람은 패배를 삶 전체로 확장한다. 한 번의 실패가 자신감과 관계, 다음 선택까지 잠식한다. 그러나 손자병법은 패배를 언제나 하나의 국면으로만 다뤘다. 그 전장에만 한정시키고, 다른 영역으로 번지지 않게 관리했다. 이 관리가 있어야 패배는 자산이 된다.

관계에서도 패배는 자산이 될 수 있다. 이해받지 못했던 순간, 설득이 실패한 장면, 반복된 갈등은 다음 관계의 기준을 만든다. 무엇을 기대하면 안 되는지, 어디서 경계를 세워야 하는지, 어떤 신호를 초기에 봐야 하는지가 남는다. 손자병법의 시선에서 관계의 실패는 감정의 상처가 아니라 구조의 정보다.

일과 선택의 영역에서도 마찬가지다. 실패한 프로젝트는 사라질 수 있지만, 그 과정에서 드러난 조건과 한계는 반드시 남아야 한다. 이 정보는 다음 시도에서 위험을 줄이고, 판단을 빠르게 만든다. 손자는 같은 방식으로 두 번 지는 장수를 가장 무능하다고 보았다. 한 번의 패배를 자산으로 만들지 못했기 때문이다.

패배를 자산으로 바꾸는 사람은 과거에 매달리지 않는다. 그렇다고 과거를 지우지도 않는다. 필요한 것만 남기고, 나머지는 내려놓는다. 이 선별 능력이 전략가를 만든다. 패배는 무겁지만, 정리하면 들고 갈 수 있는 무게로 바뀐다. 손자병법이 말한 강함은 바로 이 전환 능력에서 나온다.

이 장의 핵심은 분명하다. 패배는 자동으로 자산이 되지 않는다. 다루지 않으면 짐이 되고, 다루면 기반이 된다. 손자병법은 우

리에게 이렇게 말한다. 이긴 경험보다, 진 경험을 제대로 쓰는 사람
이 결국 오래 이긴다고. 이 원칙을 이해할 때, 우리는 패배를 두려
워하지 않고 다음 선택의 연료로 사용할 수 있다.

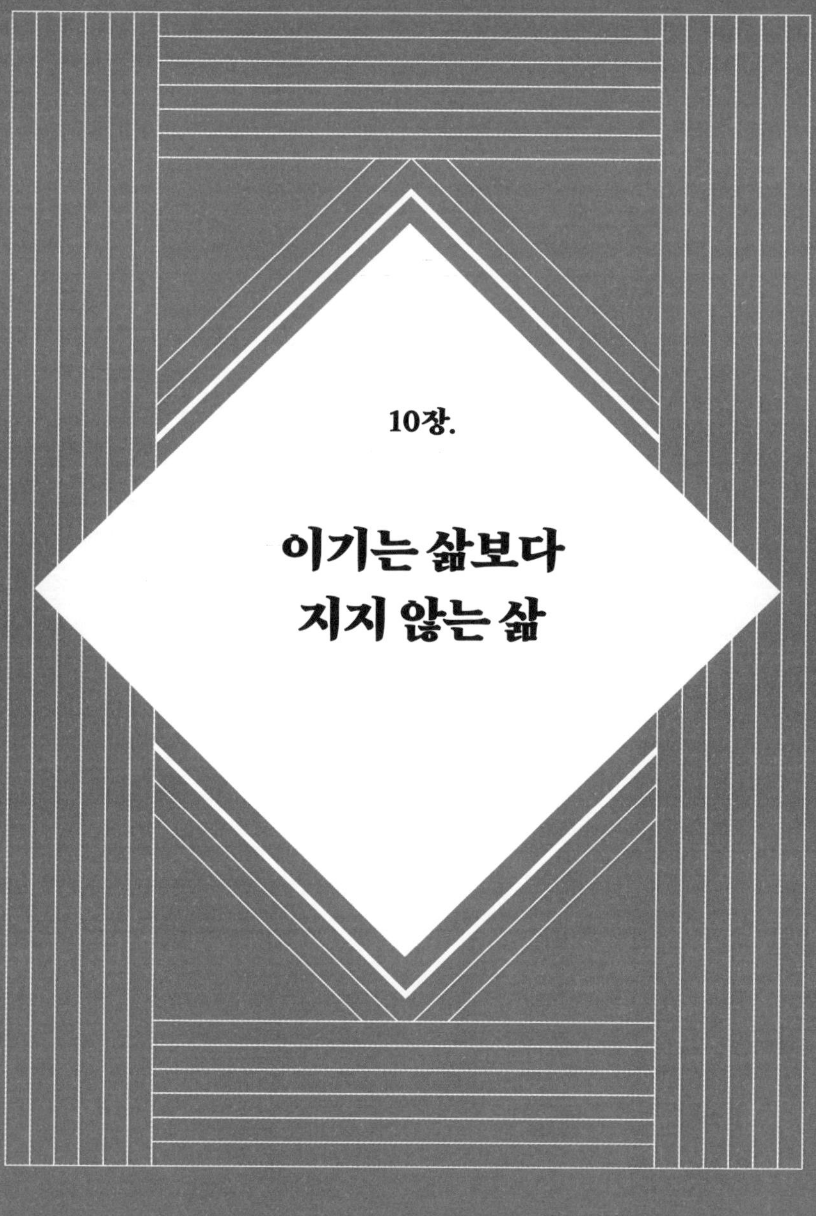

10장.

이기는 삶보다
지지 않는 삶

모든 싸움에서 이길 필요는 없다

사람들은 싸움에 들어서면 반드시 이겨야 한다고 생각한다. 지지 않기 위해 버티고, 손해를 보더라도 물러서지 않으며, 끝까지 우위를 증명하려 한다. 그러나 손자병법은 이 집착을 가장 위험한 태도로 보았다. 모든 싸움에서 이길 필요는 없으며, 오히려 이기려는 집착이 가장 큰 패배를 부른다고 보았기 때문이다.

전쟁에서 모든 전투를 승리로 끝내는 것은 불가능하다. 손자는 이 사실을 냉정하게 인정했다. 그래서 그는 싸움을 선택했다. 이길 수 있는 싸움만 치르고, 이길 수 없는 싸움은 피했다. 이 회피는 두려움이 아니라 전략이었다. 싸움을 하지 않음으로써 병력을 보존하고, 다음 국면에서 더 유리한 위치를 확보했기 때문이다. 손자병법에서 승리는 전투의 숫자가 아니라, 전체 흐름의 결과였다.

삶에서도 마찬가지다. 모든 갈등에 대응할 필요는 없다. 모든 주장에 반박할 이유도 없고, 모든 오해를 즉시 바로잡아야 할 의무도 없다. 싸움에 응답하는 순간 우리는 에너지를 소모하고, 감정의 중심으로 끌려간다. 손자병법의 관점에서는 이때 이미 주도권을 상대에게 넘긴 상태다.

모든 싸움에 이기려는 사람은 기준이 흐려진다. 무엇이 중요한지보다, 지금 지고 있다는 느낌을 없애는 데 집중한다. 이때 선택은 장기적인 이익이 아니라 단기적인 승부욕에 의해 결정된다. 손자는 이런 상태를 가장 경계했다. 전장은 감정의 해소 공간이 아니라, 결과를 설계하는 장소이기 때문이다.

싸움을 선택하지 않는다는 것은 회피가 아니다. 무엇을 위해 싸워야 하는지를 분명히 아는 태도다. 손자병법에서 싸움의 기준은 명확했다. 싸워서 얻는 것이, 싸우지 않았을 때보다 분명히 클 때만 움직인다. 그렇지 않다면 물러난다. 이 판단이 가능할 때, 싸움은 낭비가 아니라 도구가 된다.

관계에서도 모든 싸움에 이길 필요는 없다. 때로는 이겨도 관계가 무너지고, 져도 관계는 유지된다. 이때 중요한 것은 누가 옳았느냐가 아니라, 무엇이 남느냐다. 손자병법의 기준에서 관계의 전략은 승부가 아니라 지속이다. 이길 수 있는 말보다, 남길 수 있는 구조가 더 중요하다.

일과 선택의 영역에서도 마찬가지다. 경쟁이 과열된 싸움에 뛰어들수록, 이겨도 남는 것은 적다. 손자는 사람들이 몰리는 전장을 피하고, 사람들이 보지 않는 틈을 찾았다. 이기는 싸움을 반복하기보다, 싸우지 않고 이기는 상태를 만들기 위해서였다. 이 관점을 가지면 선택의 폭은 오히려 넓어진다.

모든 싸움에 이길 필요가 없다는 인식은 마음을 가볍게 한다. 매 순간 증명하지 않아도 되고, 모든 평가에 반응하지 않아도 된다. 손자병법이 말한 강함은 이 무게를 내려놓는 데서 나온다. 싸움을 줄일수록, 정말 필요한 순간에 쓸 힘은 더 또렷해진다.

이 장의 핵심은 분명하다. 승리는 싸움의 결과가 아니라, 싸움의 선택에서 시작된다. 모든 싸움에 이길 필요는 없다. 손자병법은 우리에게 이렇게 말한다. 가장 높은 승리는 이길 필요 없는 싸움을 만들지 않는 것이라고. 이 기준을 가질 때, 우리는 불필요한 소모를 줄이고 가장 중요한 전장에서만 힘을 쓰게 된다.

오래 가는 사람이 결국 남는다

사람들은 빠르게 이기는 사람을 주목한다. 단기간에 성과를 내고, 한 번의 승부로 이름을 남기는 장면에 열광한다. 그러나 손자병법의 시선은 다르다. 손자는 누가 먼저 이기느냐보다, 누가 끝까지 남느냐를 보았다. 전장에서 최종적으로 의미를 갖는 것은 순간의 승리가 아니라, 지속 가능한 상태이기 때문이다.

전쟁에서 오래 가는 군대는 눈에 띄지 않는다. 무리한 공격을 하지 않고, 소모적인 전투를 피하며, 보급과 병력의 균형을 유지한다. 겉으로는 조용해 보이지만, 형세가 바뀌는 순간 가장 강한 위치에 서 있다. 손자는 이런 군대를 진짜 강한 군대로 보았다. 빠른 승리는 화려하지만, 오래 가는 힘은 늘 조용하다.

삶에서도 마찬가지다. 단기간의 성취는 쉽게 주목받지만, 그

뒤를 지탱하지 못하면 금세 사라진다. 반면 속도는 느려도 무너지지 않는 선택을 반복하는 사람은 결국 남는다. 손자병법의 관점에서는 이 지속성 자체가 가장 큰 전략적 우위다. 오래 남아 있다는 사실은 이미 많은 싸움을 피했고, 많은 실수를 관리해 왔다는 증거이기 때문이다.

오래 가는 사람의 공통점은 무리하지 않는 판단이다. 지금 이길 수 있다고 해서 모든 것을 걸지 않는다. 한 번의 성공으로 판을 끝내려 하지 않고, 다음 국면을 항상 남겨둔다. 손자는 전쟁에서 전력을 한 번에 소진하는 장수를 경계했다. 전력을 남길 줄 아는 사람이 오래 버틴다.

관계에서도 오래 가는 사람이 결국 남는다. 모든 갈등을 해결하려 들지 않고, 모든 오해를 즉시 바로잡으려 애쓰지 않는다. 감당할 수 없는 관계는 정리하고, 유지 가능한 선을 지킨다. 손자병법의 기준에서 관계의 승리는 상대를 이기는 것이 아니라, 관계를 소모시키지 않는 데 있다.

일과 선택의 영역에서도 지속성은 가장 강력한 무기다. 단기간의 성과를 위해 무리한 확장을 하지 않고, 구조가 준비되지 않은 상태에서 속도를 높이지 않는다. 손자는 이런 선택을 '이길 수 있는 싸움을 스스로 불리하게 만드는 방식'이라고 보았다. 오래 가는 전략은 언제나 속도를 조절한다.

오래 가는 사람은 비교에 덜 흔들린다. 남들이 앞서가는 것처럼 보여도, 자신의 리듬을 지킨다. 손자병법은 타인의 속도에 휘둘리는 판단을 가장 위험하다고 보았다. 전장은 각자의 지형이 다르고, 같은 속도는 같은 결과를 보장하지 않기 때문이다. 자신의 조건에 맞는 속도를 지키는 것이 전략이다.

또한 오래 가는 사람은 회복을 전제로 움직인다. 넘어질 수 있다는 사실을 알고, 다시 일어날 여지를 남긴다. 한 번의 실패로 모든 것을 잃지 않도록 구조를 만들고, 소진되기 전에 멈춘다. 손자가 말한 강함은 끝까지 버티는 힘이 아니라, 무너지기 전에 조정하는 능력이었다.

시간이 지날수록 승패의 기준은 바뀐다. 초반의 우위는 사라지고, 남아 있는 사람이 기준이 된다. 손자병법에서 마지막 승자는 언제나 오래 버틴 쪽이었다. 그는 눈에 띄지 않았지만, 결정적인 순간에 가장 많은 선택지를 가지고 있었다.

이 장의 핵심은 분명하다. 결국 남는 사람은 가장 빨랐던 사람이 아니라, 가장 오래 갈 수 있었던 사람이다. 손자병법은 우리에게 이렇게 말한다. 전장에서 진짜 승리는 앞서는 데 있지 않고, 끝까지 남는 데 있다고. 이 기준을 가질 때, 우리는 조급함에 휘둘리지 않고 자신의 속도로 끝까지 갈 수 있다.

지지 않는 선택의 기준

사람들은 이기는 선택을 찾으려 한다. 더 유리해 보이는 쪽, 성과가 클 것 같은 방향, 빠른 보상이 기대되는 길을 고른다. 그러나 손자병법의 기준은 다르다. 손자는 먼저 묻는다. 이 선택이 나를 지게 만들지는 않는가. 그는 이길 수 있는 선택보다, 지지 않는 선택이 훨씬 중요하다고 보았다.

전쟁에서 지지 않는 선택이란 대단한 승리를 의미하지 않는다. 병력을 무리하게 소모하지 않고, 보급이 끊기지 않으며, 다음 전장을 선택할 수 있는 여지를 남기는 판단이다. 손자는 이 조건이 무너지지 않는 한, 당장의 승패에 크게 흔들리지 않았다. 이 조건이 유지되는 한, 결과는 언제든 다시 만들 수 있기 때문이다.

삶에서도 지지 않는 선택의 기준은 분명하다. 한 번의 선택으로 모든 것을 걸지 않는 것, 실패해도 다시 움직일 수 있는 여지를 남기는 것, 감정에 휘둘려 되돌릴 수 없는 결정을 내리지 않는 것이다. 손자병법의 관점에서는 이 여지가 사라지는 순간이 바로 패배의 시작이다.

지지 않는 선택은 겉으로 보기엔 소극적으로 보일 수 있다. 큰 성과를 포기하는 것처럼 느껴지고, 결정적인 기회를 놓치는 것 같기도 하다. 그러나 손자는 이 선택을 가장 적극적인 전략으로 보았다. 불리해지지 않는 상태를 유지하는 것만으로도, 우리는 이미 수많은 패배를 피하고 있기 때문이다.

관계에서도 지지 않는 선택은 중요하다. 이기기 위해 말을 세게 하지 않고, 상대를 눌러 우위를 증명하려 들지 않는다. 대신 관계를 완전히 무너뜨리지 않는 선을 지킨다. 손자병법의 기준에서 관계의 패배는 다툼에서 지는 것이 아니라, 회복 불가능한 구조를 만드는 것이다. 이 구조만 피하면, 관계는 언제든 다시 조정할 수 있다.

일과 선택의 영역에서도 마찬가지다. 당장의 성과를 위해 감당할 수 없는 책임을 떠안지 않고, 준비되지 않은 확장을 하지 않는다. 손자는 이런 무리를 가장 위험한 선택으로 보았다. 이길 가능성은 있어도, 지지 않는 상태를 스스로 포기하는 판단이기 때문이다.

지지 않는 선택의 핵심은 손실의 상한선을 아는 것이다. 이 선택이 실패했을 때, 어디까지 잃을 수 있는지를 미리 계산하는 태도다. 손자병법은 항상 최악의 경우를 먼저 보았다. 그 최악을 감당할 수 있을 때만 움직였고, 그렇지 않다면 멈췄다. 이 계산이 전략의 기본이었다.

또 하나의 기준은 회복 가능성이다. 실패 이후에 다시 시도할 수 있는가, 판단을 수정할 수 있는가, 다른 선택지로 이동할 수 있는가. 이 질문에 "예."라고 답할 수 없다면, 그 선택은 지지 않는 선택이 아니다. 손자는 퇴로 없는 승리를 가장 위험한 결과로 보았다. 이겨도 무너지기 때문이다.

지지 않는 선택을 반복하는 사람은 눈에 띄지 않을 수 있다. 그러나 그는 무너지지 않는다. 작은 패배를 관리하고, 큰 실패를 피하며, 오래 남는다. 손자병법의 최종 목표는 화려한 승리가 아니라, 패배하지 않는 구조였다. 이 구조 안에 있으면, 승리는 언젠가 따라온다.

이 장의 핵심은 분명하다. 이길 수 있는 선택보다 먼저, 지지 않는 선택을 하라. 손자병법은 우리에게 이렇게 말한다. 전장에서 가장 강한 자는 가장 많이 이긴 사람이 아니라, 끝까지 지지 않은 사람이라고. 이 기준을 마음에 두는 순간, 우리는 선택 앞에서 훨씬 안정적인 판단을 내릴 수 있다.

삶의 전장을 줄여라

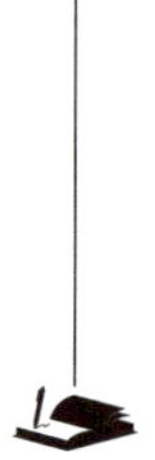

사람들은 너무 많은 전장에서 싸운다. 일에서도, 관계에서도, 평가와 비교 속에서도 끊임없이 자신을 증명하려 든다. 모든 일에 반응하고, 모든 말에 답하며, 모든 기준을 받아들인다. 그러나 손자병법의 관점에서 이것은 가장 위험한 상태다. 전장이 많아질수록 패배의 가능성은 기하급수적으로 늘어나기 때문이다.

전쟁에서 패배하는 군대의 공통점은 전선이 지나치게 넓다는 것이다. 병력을 분산시키고, 모든 곳을 지키려 하며, 사소한 충돌에도 즉각 반응한다. 손자는 이런 군대를 가장 먼저 무너지는 군대로 보았다. 힘이 약해서가 아니라, 싸워야 할 곳과 싸우지 않아도 될 곳을 구분하지 못했기 때문이다.

삶에서도 마찬가지다. 모든 문제를 해결하려 들수록 에너지는 흩어지고, 판단은 거칠어진다. 중요하지 않은 일에 감정과 시간을 쓰느라, 정작 지켜야 할 전장은 방치된다. 손자병법의 기준에서 이것은 전략 부재의 신호다. 전략은 더 많은 싸움을 만드는 기술이 아니라, 싸움을 줄이는 기술이기 때문이다.

삶의 전장을 줄인다는 것은 포기하라는 말이 아니다. 무엇을 위해 싸울지를 분명히 하라는 뜻이다. 손자는 항상 전투의 목적을 먼저 물었다. 얻는 것이 분명하지 않다면, 그는 싸우지 않았다. 삶에서도 같은 질문이 필요하다. 이 싸움이 내 삶의 방향과 직접 연결되어 있는가, 아니면 단지 감정과 체면을 건드렸을 뿐인가.

관계에서 전장을 줄이지 못하면 사람은 쉽게 소진된다. 모든 오해를 바로잡으려 하고, 모든 말에 상처받으며, 모든 관계를 끝까지 유지하려 든다. 그러나 손자병법의 관점에서는 이것이 가장 비효율적인 싸움이다. 관계의 전략은 모두를 만족시키는 데 있지 않다. 감당할 수 있는 관계만 남기는 데 있다.

일과 선택의 영역에서도 전장은 쉽게 늘어난다. 너무 많은 목표, 너무 많은 기준, 너무 많은 비교가 동시에 작동하면 방향은 흐려진다. 손자는 목표를 단순화하지 못하는 장수를 신뢰하지 않았다. 목표가 많을수록 판단은 늦어지고, 행동은 분산되기 때문이다. 전장을 줄이면 속도와 정확성은 동시에 회복된다.

삶의 전장을 줄이는 핵심은 기준을 세우는 것이다. 무엇에는 반응하지 않아도 되는지, 무엇에서는 져도 되는지, 무엇은 반드시 지켜야 하는지를 정하는 일이다. 이 기준이 없으면 모든 상황이 전투처럼 느껴진다. 손자병법은 기준 없는 싸움을 가장 어리석은 선택으로 보았다.

전장을 줄인 사람은 차갑지 않다. 오히려 에너지를 아껴 정말 중요한 순간에 쓸 수 있다. 모든 싸움에 뛰어들지 않기 때문에, 싸워야 할 때는 온전히 집중할 수 있다. 손자가 말한 강함은 많이 싸운 결과가 아니라, 싸움을 선별한 결과였다.

삶이 힘들다고 느껴질 때, 문제는 능력이 아니라 전장의 수일 가능성이 크다. 너무 많은 곳에서 동시에 싸우고 있다면, 어느 하나도 제대로 지킬 수 없다. 이때 필요한 것은 더 강해지는 것이 아니라, 전장을 줄이는 용기다.

이 장의 핵심은 분명하다. 모든 전장은 삶을 소모시킨다. 줄여야 남고, 남겨야 이긴다. 손자병법은 우리에게 이렇게 말한다. 가장 지혜로운 전략가는 싸움을 늘리지 않고, 삶을 지킨다고. 이 기준을 가질 때, 우리는 불필요한 소모에서 벗어나 진짜 중요한 전장에만 힘을 쓸 수 있다.

남길 것에 집중하라

사람들은 무엇을 더 얻을지에 집착한다. 더 많이 가져야 이긴 것 같고, 더 넓게 확장해야 성공한 것처럼 느낀다. 그래서 선택의 순간마다 추가할 것을 먼저 고민한다. 그러나 손자병법의 시선은 정반대다. 손자는 늘 이렇게 묻는다. 이 싸움이 끝났을 때 무엇이 남는가. 남길 것을 기준으로 보지 않으면, 얻은 것은 곧 소모로 바뀐다.

전쟁에서 진짜 승리는 전투가 끝난 뒤에 확인된다. 병력이 남아 있는가, 보급이 유지되는가, 다음 선택지가 남아 있는가. 손자는 이 세 가지가 남아 있지 않다면 그 승리를 승리로 보지 않았다. 잠시 이겼더라도 이후를 이어갈 수 없다면, 그것은 패배의 다른 얼굴이기 때문이다. 손자병법의 전략은 언제나 결과보다 잔존력을 중시

했다.

삶에서도 남길 것을 보지 않으면 선택은 쉽게 과해진다. 성과를 얻었지만 체력이 바닥나고, 관계를 지켰지만 존중이 사라지며, 목표를 달성했지만 다음 방향이 보이지 않는 경우가 많다. 이때 문제는 결과가 아니다. 기준이 없었다는 점이다. 남길 것에 대한 기준 없이 얻기만 하면, 삶은 점점 비어간다.

남길 것에 집중한다는 것은 포기와 다르다. 무엇을 버려야 남길 수 있는지를 아는 태도다. 손자는 전장에서 불필요한 장비를 버리고, 불리한 진형을 접었다. 그래야 핵심을 지킬 수 있었기 때문이다. 삶에서도 마찬가지다. 모든 관계를 유지하려 하면 정작 중요한 관계를 지키지 못하고, 모든 목표를 붙들면 핵심 목표는 흐려진다.

관계에서 남길 것은 분명하다. 존중, 신뢰, 회복 가능성이다. 이 세 가지가 남아 있다면 갈등은 조정할 수 있다. 반대로 체면이나 승부욕만 남는다면 관계는 오래 가지 못한다. 손자병법의 기준에서 관계의 승리는 상대를 이기는 데 있지 않다. 다시 만날 수 있는 상태를 남기는 것에 있다.

일과 선택의 영역에서도 남길 것을 먼저 정해야 한다. 이 선택 이후에 남는 기술은 무엇인가, 남는 경험은 무엇인가, 다음 단계로 이어질 여지는 있는가. 이 질문에 답할 수 없다면, 그 선택은 단기 성과일 뿐이다. 손자는 일회성의 이익을 전략으로 보지 않았다.

반복 가능성이 없는 승리는 오래 가지 못하기 때문이다.

남길 것에 집중하는 사람은 결정이 간결하다. 무엇을 더 할지보다, 무엇을 지켜야 할지를 먼저 안다. 이 기준이 있으면 유혹은 줄어들고, 선택은 단단해진다. 손자병법이 말한 절제는 욕심을 누르는 도덕이 아니라, 지켜야 할 것을 중심에 두는 기술이었다.

또 하나 중요한 점은 남길 것을 명확히 할수록 속도가 빨라진다는 사실이다. 남길 것이 분명하면, 불필요한 싸움과 선택은 자연스럽게 걸러진다. 손자는 전장을 줄이고, 목표를 좁히며, 남길 것을 중심으로 움직였다. 그 결과 그는 빠르게 움직일 수 있었다. 집중은 속도를 만든다.

삶이 복잡해질수록 질문은 단순해져야 한다. 이 선택 뒤에 무엇이 남는가. 이 싸움이 끝났을 때 나는 무엇을 지키고 있는가. 손자병법은 이 질문을 끝까지 놓지 않았다. 남길 것을 보지 못하면, 이기는 순간에도 이미 잃고 있는 상태일 수 있기 때문이다.

이 장의 핵심은 분명하다. 얻는 것보다 남기는 것이 전략이다. 남길 것에 집중할수록 삶은 가벼워지고, 선택은 강해진다. 손자병법은 우리에게 이렇게 말한다. 전장에서 진짜 승자는 가장 많이 얻은 사람이 아니라, 가장 중요한 것을 끝까지 남긴 사람이라고. 이 기준을 가질 때, 우리는 소모의 싸움에서 벗어나 오래 갈 수 있는 선택을 하게 된다.

전략은 결국 태도다

사람들은 전략을 기술로 생각한다. 더 영리한 방법, 더 복잡한 계산, 더 많은 정보가 있어야 전략이 생긴다고 믿는다. 그래서 전략을 외부에서 찾고, 상황이 바뀔 때마다 새로운 해법을 요구한다. 그러나 손자병법의 결론은 다르다. 전략은 기법이 아니라 태도에서 시작된다. 어떤 상황에서도 유지되는 태도가 있을 때, 전략은 흔들리지 않는다.

전쟁에서 상황은 늘 변한다. 지형이 달라지고, 상대의 선택이 바뀌며, 계획은 예상보다 빨리 무너진다. 이때 장수를 지켜주는 것은 세부 계획이 아니라 태도다. 손자는 계획이 틀어져도 중심을 잃지 않는 장수를 신뢰했다. 왜냐하면 태도가 단단한 사람은, 상황에 맞게 전략을 다시 세울 수 있기 때문이다.

삶에서도 마찬가지다. 환경은 통제할 수 없고, 변수는 계속 생긴다. 이때 전략을 기술로만 이해하면 사람은 쉽게 흔들린다. 방법이 통하지 않으면 좌절하고, 계획이 틀어지면 방향을 잃는다. 그러나 전략을 태도로 이해하면 다르다. 상황이 바뀌어도 기준은 남고, 기준이 있으면 선택은 다시 만들어진다.

전략적인 태도의 첫 번째 요소는 조급하지 않음이다. 당장의 결과에 매달리지 않고, 흐름을 본다. 손자는 성과보다 형세를 보라고 했다. 지금 이겼는지 졌는지보다, 지금의 선택이 앞으로 어떤 상태를 만드는지가 더 중요했기 때문이다. 조급함은 전략을 기술로 착각하게 만들고, 태도를 무너뜨린다.

두 번째 요소는 감정과 거리를 두는 태도다. 분노, 불안, 자존심이 판단의 중심에 들어오지 않게 한다. 손자병법이 말한 냉정함은 감정을 억누르는 힘이 아니었다. 감정이 판단을 대신하지 못하도록 관리하는 태도였다. 이 태도가 유지되면, 전략은 상황에 맞게 조정된다.

세 번째 요소는 지지 않는 기준을 우선하는 태도다. 크게 이기려다 무너지지 않고, 오래 남는 선택을 반복한다. 손자는 항상 패배하지 않는 상태를 먼저 만들었다. 이 태도가 있으면 전략은 화려하지 않아도 지속된다. 그리고 지속되는 전략이 결국 승리를 만든다.

관계에서도 전략은 태도로 드러난다. 상대를 이기려 하지 않고, 구조를 지키려는 태도. 감정에 휘둘리지 않고, 반복되는 패턴을 읽는 태도. 이 태도가 없으면 어떤 기술도 오래 작동하지 않는다. 손자병법의 관점에서 관계의 전략은 말솜씨가 아니라 태도의 일관성이다.

일과 선택의 영역에서도 전략은 태도로 남는다. 실패했을 때 도망치지 않고, 승리했을 때 과신하지 않는 태도. 결과에 따라 기준을 바꾸지 않는 태도. 손자는 이런 태도를 가진 장수만이 장기적으로 살아남는다고 보았다. 전략은 순간의 선택이 아니라, 반복되는 태도의 합이다.

전략을 태도로 이해하는 사람은 불안하지 않다. 모든 상황에 대비한 해답을 갖고 있어서가 아니다. 어떤 상황에서도 판단을 다시 세울 수 있는 태도를 갖고 있기 때문이다. 방법은 바뀔 수 있지만, 태도는 남는다. 손자병법이 말한 전략의 본질은 바로 여기에 있다.

이 장의 핵심은 분명하다. 전략은 기술이 아니라 태도다. 무엇을 하느냐보다, 어떤 태도로 판단하느냐가 결과를 만든다. 손자병법은 우리에게 이렇게 말한다. 상황은 바뀌어도 태도가 흔들리지 않으면, 전략은 언제든 다시 만들어진다고. 이 태도를 지킬 수 있을 때, 우리는 어떤 전장에서도 길을 잃지 않는다.

싸우지 않아도 단단해지는 삶

사람들은 단단해지기 위해 싸워야 한다고 믿는다. 맞서야 강해지고, 버텨야 단련되며, 이겨야 자신이 증명된다고 생각한다. 그래서 삶은 점점 전투처럼 변한다. 그러나 손자병법의 마지막 시선은 정반대다. 진짜 단단함은 싸움의 결과가 아니라, 싸움 없이도 흔들리지 않는 상태에서 만들어진다.

전쟁에서 가장 강한 군대는 자주 싸우지 않는다. 불필요한 충돌을 피하고, 위험한 전장을 비켜가며, 스스로를 소모시키지 않는다. 손자는 이를 최고의 전략으로 보았다. 싸우지 않는다고 약해지는 것이 아니라, 싸우지 않아도 유지되는 구조를 가졌기 때문에 강한 것이다. 단단함은 충돌의 횟수가 아니라, 소모의 정도로 판단해야 한다.

삶에서도 마찬가지다. 매번 반응하지 않아도 되는 사람, 모든 평가에 흔들리지 않는 사람, 비교와 경쟁에서 한 발 떨어져 있는 사람은 이미 단단하다. 그는 싸우지 않지만, 밀리지 않는다. 손자병법의 기준에서 이것이 가장 높은 수준의 강함이다. 외부의 자극에 휘둘리지 않는 상태, 그것이 단단함이다.

싸우지 않아도 단단해지는 삶의 핵심은 기준의 내면화다. 무엇이 중요한지, 무엇은 져도 되는지, 무엇은 반응하지 않아도 되는지를 스스로 알고 있다. 이 기준이 외부에 있으면 삶은 늘 전장이 된다. 그러나 기준이 안에 있으면, 외부의 소음은 힘을 잃는다. 손자는 이를 '전장을 옮기지 않는 힘'이라고 보았다.

관계에서도 싸우지 않는 단단함은 분명히 드러난다. 모든 오해를 바로잡으려 하지 않고, 모든 기대를 충족시키려 애쓰지 않는다. 대신 존중과 경계가 유지되는 선을 지킨다. 이 태도는 차갑지 않다. 오히려 관계를 오래 가게 만든다. 손자병법의 관점에서 관계의 강함은 다툼을 이기는 데 있지 않고, 소모되지 않는 데 있다.

일과 선택의 영역에서도 단단함은 같은 방식으로 작동한다. 모든 기회를 잡지 않고, 모든 경쟁에 뛰어들지 않으며, 자신의 리듬을 지킨다. 이때 성과는 늦어 보일 수 있다. 그러나 손자는 속도가 아니라 유지 가능성을 보았다. 유지되는 힘이 쌓이면, 어느 순간 누구보다 멀리 와 있다.

싸우지 않는다는 것은 회피가 아니다. 싸움의 기준이 분명하다는 뜻이다. 정말 필요한 순간에는 물러서지 않고, 그렇지 않은 순간에는 에너지를 쓰지 않는다. 이 선별 능력이 단단함을 만든다. 손자병법이 말한 지혜는 바로 이 구분에서 나온다.

단단해진 삶은 조용하다. 드러내지 않아도 흔들리지 않고, 증명하지 않아도 무너지지 않는다. 외부의 평가가 없어도 방향을 잃지 않고, 비교하지 않아도 자신의 위치를 안다. 손자는 이런 상태를 가장 이상적인 승리로 보았다. 싸움이 사라진 상태에서의 안정, 그것이 최종 목표였다.

이 장의 핵심은 분명하다. 단단함은 싸움의 산물이 아니다. 싸울 필요 없는 삶을 설계했을 때 비로소 만들어진다. 손자병법은 우리에게 이렇게 말한다. 최고의 강함은 이기지 않아도 흔들리지 않는 상태라고. 이 기준을 가질 때, 우리는 더 이상 삶을 전장으로 만들지 않고도 충분히 강해질 수 있다.

孫子兵法

孫子兵法

지지 않는 삶은,
이미 이긴 삶이다

우리는 늘 이기기 위해 살아왔다. 더 나은 선택, 더 빠른 성과, 더 분명한 승부를 향해 자신을 몰아붙였다. 이기지 못하면 뒤처지는 것 같았고, 멈추면 지는 것처럼 느껴졌다. 그러나 이 책을 통해 다시 살펴본 손자병법의 결론은 조금 달랐다. 삶에서 중요한 것은 얼마나 많이 이겼느냐가 아니라, 얼마나 덜 무너졌느냐였다. 지지 않는 삶은 화려하지 않을 수 있지만, 끝내 남는다.

손자는 승리를 한 번의 결과로 보지 않았다. 그는 언제나 전체의 흐름을 보았다. 이길 수 없는 싸움은 피했고, 이겨도 남는 것이 없는 승부는 선택하지 않았다. 그래서 그의 전략은 공격보다 절제에 가까웠고, 용맹보다 판단에 가까웠다. 이 태도가 패배를 줄였고, 패배가 줄어든 삶은 자연스럽게 이긴 삶이 되었다.

삶도 같다. 모든 순간을 이길 필요는 없다. 때로는 물러서고, 때로는 멈추며, 때로는 지는 선택을 해야 한다. 그러나 그 선택이 삶을 무너뜨리지 않는다면, 그것은 패배가 아니다. 지지 않는 구조를 지킨 선택이다. 이 구조가 유지되는 한, 우리는 다시 선택할 수 있고 다시 나아갈 수 있다.

지지 않는 삶의 핵심은 기준에 있다. 무엇을 위해 싸울 것인지, 무엇은 져도 되는지, 무엇은 반드시 남겨야 하는지를 아는 태도다. 이 기준이 분명해질수록 삶의 전장은 줄어들고, 불필요한 소모는 사라진다. 싸움이 줄어든 자리에 집중이 남고, 그 집중은 결국 단단함으로 바뀐다.

이 책에서 말한 손자병법은 전쟁의 기술이 아니다. 삶을 전장으로 만들지 않기 위한 지혜다. 감정에 휘둘리지 않는 법, 조급함을 관리하는 법, 패배를 자산으로 바꾸는 법, 그리고 오래 가는 선택을 반복하는 법. 이 모든 것은 이기기 위한 기술이 아니라, 지지 않기 위한 태도였다.

지지 않는 삶은 이미 이긴 삶이다. 크게 성공하지 않아도, 눈에 띄는 승부가 없어도, 무너지지 않고 방향을 유지했다면 그 삶은 충분히 전략적이다. 손자는 마지막까지 이렇게 말하고 있는 듯하다. 승리는 쟁취하는 것이 아니라, 끝까지 남아 있는 자에게 주어지는 결과라고.

　이제 책을 덮는 순간, 다시 삶의 자리로 돌아가게 될 것이다. 여전히 선택은 어렵고, 상황은 복잡하며, 감정은 흔들릴 것이다. 그럴 때마다 이 한 문장을 기억해도 좋다. 지지 않으면 된다. 이 기준만 지켜도, 우리는 이미 이기고 있는 삶을 살고 있다.

손자병법의 삶의 지혜

관계·일·인생에서 지지 않는 법

초판 1쇄 인쇄 ｜ 2026년 4월 1일
초판 1쇄 발행 ｜ 2026년 4월 6일

지은이 ｜ 최한결
펴낸이 ｜ 최근봉
펴낸곳 ｜ 도서출판 넥스웍
출판사 등록번호 ｜ 제395-2014-000069호
주소 ｜ 경기도 고양시 덕양구 화신로272번길 29
전화 ｜ 031-972-9207
팩스 ｜ 031-972-9208
이메일 ｜ cntpcnoi@naver.com

ISBN ｜ 979-11-88389-75-9 13190

값은 표지 뒷면에 표기되어 있습니다.
잘못된 책은 구입하신 서점에서 바꾸어 드립니다.

이 책은 고전 『손자병법』의 사상을 바탕으로, 현대의 관계·일·삶의 전략에 맞게 저자 고유의 해석과 관점으로 새롭게 구성한 창작 저작물입니다. 원문의 번역·주석·직접 인용을 목적으로 하지 않았으며, 고전의 핵심 사유를 현대적으로 재해석하여 삶의 선택과 태도에 적용하는 데 중점을 두고 집필되었습니다.